产品经理

游戏化设计思维70计

小草老师　著

人民邮电出版社
北　京

图书在版编目（CIP）数据

产品经理游戏化设计思维70计 / 小草老师著. -- 北京 : 人民邮电出版社, 2017.7
ISBN 978-7-115-45944-2

Ⅰ. ①产… Ⅱ. ①小… Ⅲ. ①企业管理－产品管理 Ⅳ. ①F273.2

中国版本图书馆CIP数据核字(2017)第137992号

内 容 提 要

本书基于游戏设计原理以及管理学、心理学等领域的原理，结合具体的游戏实例及产品实例，阐述互联网产品的设计思路和方法，以启发互联网从业者、感兴趣的人士从不同的设计、策划角度推动互联网产品的良性发展。

本书可作为互联网从业人员在管理产品的过程中随时参考的手册，书中所述思路及方法亦适用于其他 IT 产品。本书是产品人员、运营人员、需求分析人员、设计人员、开发人员、测试人员必读的一本好书。

◆ 著　　　　小草老师
责任编辑　赵　轩
责任印制　焦志炜

◆ 人民邮电出版社出版发行　　北京市丰台区成寿寺路 11 号
邮编　100164　　电子邮件　315@ptpress.com.cn
网址　http://www.ptpress.com.cn

◆ 开本：720×960　1/16
印张：14.25
字数：225 千字　　　　2017 年 7 月第 1 版
　　　　　　　　　　　2017 年 7 月北京第 1 次印刷

定价：49.00 元

读者服务热线：(010)81055410　印装质量热线：(010)81055316
反盗版热线：(010)81055315
广告经营许可证：京东工商广登字 20170147 号

前言

近年来，互联网行业可谓激情澎湃，资本力量的炒作让很多人都抱着“创业成功、上市敲钟”的幻想，渴望一夜暴富。不幸的是，达摩克利斯之剑一直不曾离开过。大批大批的淘金者或为了梦想而失败，或为了欲望而破产，或为了苦苦支撑而四处奔波。如果让我来总结，我只说两个字——浮躁。

作为产品人，我混迹于互联网圈也有些年头了，其间做过自主研发的项目，也带过外包支撑的产品，更是谨遵产品人的金牌教诲，使用了非常多的互联网竞品。但总的来说，这些年市面上出现的互联网产品，80% 都属于鸡肋产品——食之无味，弃之可惜。以赚取人民币为中心的产品，基本是简单搭个架子，设一些计费点，敷衍用户。而以用户为中心的产品少之又少，真正静下心做产品的团队更是凤毛麟角，哀哉、痛哉！

不过我倒认为，越是有问题的地方，越存在潜在的价值，也越需要有人去解决这些问题并深挖出这些潜在的价值。闲暇之余，我在阅读《游戏原理》一书时突发灵感：游戏产品和互联网产品能否进行资源整合？于是我在阅读的过程中特别留意了游戏原理应用于产品设计或策划的可能性，慢慢发现很多原理和方法其实是有共通之处的。有鉴于市面上尚未有此类知识点的讨论，于是我结合游戏原理、管理学原理以及自身的专业知识和工作经验，编写了这本书。

本书以游戏原理、管理学原理为基础，配以众多实例，重点分析了 60 余种互联网产品设计、活动策划方面的管理思路，并在本书最后加入了作者对用户体验的看法。

无论你是产品人员、运营人员、需求分析人员、设计人员、开发人员、测试人员，还是其他岗位上的互联网人员，这本书都值得你反复阅读，仔细思考。

我希望本书可以帮助大家拓展对互联网产品的管理思路，也期望更多的互联从业者可以秉持初心，耐心、尽心、真心地打造出好的产品；我也相信，“浮躁”终会被工匠精神“完爆”。请各位跟我一起拭目以待吧！

最后，感谢人民邮电出版社给予本书与各位读者见面的机会，更要感谢各位编辑的辛勤劳作，没有他们的汗水就没有这本书的面世。同时，欢迎各位读者对拙作提出宝贵建议或意见，也欢迎加入我们的读书群，与我们一起探讨互联网产品的那些事。

作者简介

小草老师，产品人、独立讲师。拥有 NPDP、CPM、CSM、CSPOCSP 等专业认证。从事产品管理工作 10 余年，拥有多年移动端软硬件产品的管理经验，曾独立负责某国际知名手机厂商大中华区核心产品的管理工作、千万级用户的移动互联网产品管理工作等。著有《互联网产品经理（掌握独立生存所必需的知识与技能）》《Axure 高保真原型：移动客户端的设计与制作》《Axure RP 8.0 基础班：∞从 0 开始》等专业作品。

目录

1 对称性 / 非对称性和同步性 / 非同步性

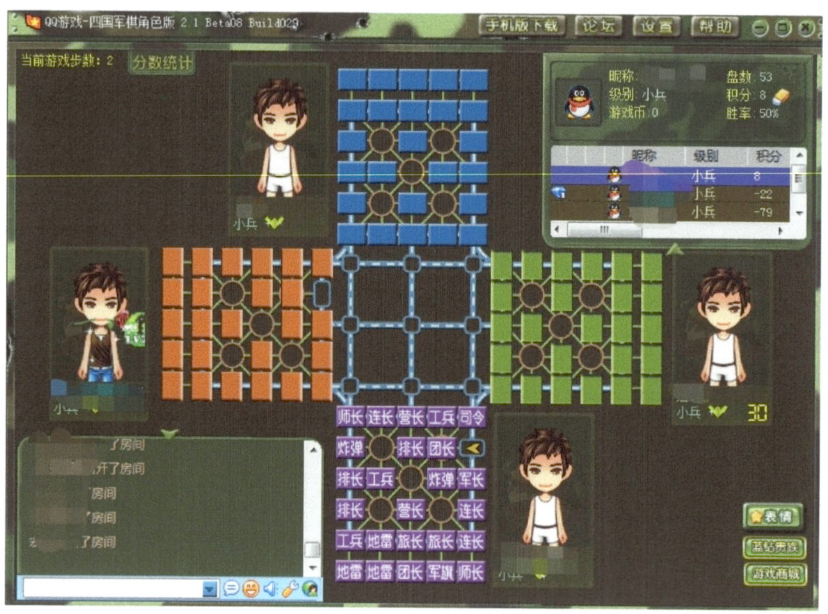

QQ 游戏上的《四国大战》，想必很多读者都玩过。

游戏规则很简单。

- 棋子包括司令、军长、师长、旅长、团长、营长、连长、排长和工兵。
- 工兵可以任意行走，可以吃地雷；其他棋子碰到地雷即死；炸弹碰到任何棋子都同归于尽。

作为参与者之一，我能看见棋盘上其他三家的棋子走势，当然这些棋子是背朝着我的，我不知道对方的棋子是什么，只有拿自己的棋子去碰才能知道。玩家只能看见自己的棋子，对手玩家也是一样。

所有玩家在同一时间看到相同场景，所有人的行动情况都显示出来，这就叫作对称性游戏。

《四国大战》也具有非对称性的特点，因为有玩家操作自己棋子的独处画面。

对称性游戏是一种游戏机制，**而非对称性游戏，我们是可以从中赚到钱的**。

下面我们介绍一个非对称性的游戏——《天黑请闭眼》，其中裁判是知道全局的人，即知道谁是平民、谁是警察、谁是凶手。参与游戏的人都不知道其他人是什么身份，只能通过其他人的表述和反应进行判断。某些人知道所有正在发生的事，其他玩家则只知道部分，这种游戏就叫作非对称性游戏。

我认为的非对称性，一是画面不对称，二是信息不对称。在信息不对称中，又分为数据信息不对称（如买卖装备提升战斗力）、游戏信息不对称（如通过购买 × × 之眼看见目标玩家的位置）等。在实际网游或手游中，很多游戏运用非对称的特点来挣钱——卖道具就是这么来的。每个玩家在游戏开始时都具有相同的开始（对称性），在之后的发展中，如果你想获得别人所不具有的信息，就得花钱来买（非对称性）。

如何把这种不对称的特点运用到其他行业中？我们来看陌陌。先从满足用户基本的需求开始，这些都是对称的——任何用户可以聊天、看附近的人、看动态等。待用户数量一旦可观，陌陌接着推出了会员系统，这便是非对称性的雏形——用户花钱，我可以让你看见“谁看过你，谁对你有兴趣”——**花钱买非对称性的信息**。所以从一开始，就应该分层次规划产品的功能。有些功能是给大众使用的（对称性），有些功能则是需要花钱才能开启的（非对称性）。

我们再看同步性和非同步性。即时性游戏都是同步性的，如《星际争霸》《魔兽争霸》。而下象棋就是非同步性的游戏，我走完一步棋，你才能接着走；同样，很多回合制的游戏也是非同步性的。

“同步性 / 非同步性”与“对称性 / 非对称性”是两组平行的概念。请根据你的产品特点，选择这两组概念来定位你的产品形态吧。

❷ 2最大，王无敌，百搭的《掼蛋》更有趣

在“跑得快”这种扑克游戏中，按照单张牌的大小排列，大小王最大，2 其次，再次才是 A——当然比王还要大的是炸弹。在此我们先不聊炸弹的情况。在不改变游戏基本规则或不需要重新发牌的前提下，谁摸到大小王牌，谁的优势会更大，于是大小王牌成了牌局胜出的关键。

下面我们再聊聊《掼蛋》(一种扑克游戏)。《掼蛋》既融入了“80 分拖拉机”的升级玩法，又加入了“跑得快”的元素。比如，本局站庄打“4”，如果玩家摸到一张红心 4，他就可以把这张牌百搭成任意一张牌（除了大小王牌）——组成炸弹或者同花顺或者连对——打出来。那么实际上，**按照专业说法，这张红心 4 就如一个空变量，玩家可以任意赋值，这就增添了游戏的可变性及趣味性**。于是这张百搭牌就成了万能牌，价值是最大的，它甚至比大小王牌都管用——当玩家把它变成同花顺中的某一张关键牌时，就能起到力挽狂澜的效果。

当然，有些规则会增加多种这样的万能牌——赋予数个空变量，然后玩家自行赋值。这使得原来的 54 张牌的游戏规则得到大大的改变，增加了黑天鹅事件的发生概率（如果有两张红心 4，那么你甚至可以凑出两对同花顺），使游戏更加复杂。这使得所有游戏元素的原始分布得以改变，玩家获取关键牌的概率会更高，牌局的胜负更加不可预测。

同样，我们看看这样的玩法能不能运用到产品设计中。假设我们正在策划一个活动。鉴于产品前期已完成的功能，用户从手机端打开我们的产品，每天签到一次，我们便给予用户一张字母卡片。这张字母卡片有可能是我们之前预设好的卡片 A 或者卡片 B，一直到卡片 Z 都有可能，由系统自动随机下发。当然，我们还提供一种万能卡片，它可以变换成任意字母卡片。于是我们制订的活动规则是：**只要通过用户所收藏的字母卡片凑齐该用户爱人的名字，该用户便可以兑换奖品。**

用户所需要的字母卡片有三种来源：①每天访问抽取；②与好友交换；③使用万能卡变换。这样的活动玩法是否可以影射为掼蛋玩法呢？用户会更痴迷于对万能卡片的搜集，用户登录、用户活跃、用户留存等问题也顺带给解决了。

再如，对万能卡片进行每人限量拥有或者限量发售的设置。是不是让产品又多了个变现的方法？

❸ 玩家角色分类

我们先来了解一下理查德·巴特尔的玩家分类理论。

成就型玩家（方片）——他们一般主要关注如何在游戏中取胜或者达到某些特定的目标。这些目标包括游戏固有的成就目标或者玩家自己制订的目标。例如，“我要升级到 80 级”“我要出现在前 100 名玩家的排行榜上”“我得先挣到 1 万金币”。说得再通俗一点，在 LOL 中，“我要拿到五杀”“我要挣到 325 金币，先买双鞋子”。这些玩家就是成就型玩家。他们目标清晰，为了达到目标想尽一切办法。

探险型玩家（黑桃）——他们尝试在虚拟世界中寻找一切所能或者所想找到的东西。例如，《口袋妖怪》这款游戏就非常符合探险型玩家的口味。玩家不仅可以在地图上探索虚拟世界，还可以从游戏细致透明的战争机制、有趣易学的操作中持续获得乐趣。那些喜欢并且尝试搜集游戏中所有物品的玩家，都具有探险型玩家的属性。作者作为 RPG 游戏的铁杆粉丝，一直热衷于搜集所有物品，哪怕是一个隐藏宝箱里的“解毒草”，也能让我有非常大的兴趣。这种现象在《仙剑奇侠传》《幻想三国志》《轩辕剑》等游戏中尤为明显。

社交型玩家（红桃）——享受在游戏过程中与其他玩家的互动。这些玩家喜欢用公会和团队的机制来进一步强化自己的社会存在感。非常有说服力的游戏是《传奇》或者《魔兽世界》。“还记得当年一起攻城的情景吗？”仅用这一句话已经可以说明这类玩家的存在感了。

杀手型玩家（梅花）——喜欢把他们自己的意愿强加给他人。这类人又分为两种：①在游戏中杀人是为了显示他们的强大；②目的在于骚扰或者激怒其他玩家，即破坏者。

如果用 4 个象限来分析这 4 种不同类型的玩家，那么 X 轴左边是玩家，右边是世界；Y 轴上边是交互于，下边是作用于。成就型玩家倾向于“作用于 + 世界”，探险型玩家倾向于“交互于 + 世界”，社交型玩家倾向于“交互于 + 玩家”，杀手型玩家倾向于“作用于 + 玩家”。

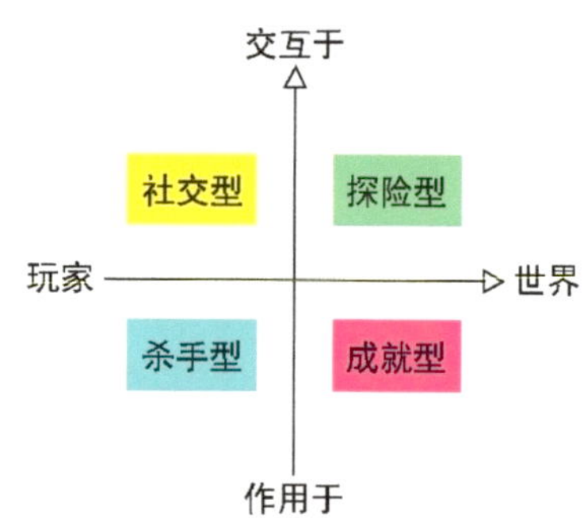

既然如此，如何将这一理论应用到互联网产品设计中？

首先你得设计一项活动，把参与的用户都预设为这四种玩家，即根据这四种玩家的性格特征，来制订活动的规则。

举个简单的例子，我们有一项活动，可以分为四个方向，用户 4 选 1。

第一个方向是，推箱子。在 10 步内将箱子推向指定的终点即获胜。成就型玩家一定会绞尽脑汁作用于这个方向。类似的产品如神经猫、一秒整等 H5 的页游。把箱子变成你的品牌口号，让用户推着它多玩几次吧。

第二个方向是，逃迷宫。迷宫里有隐藏奖励。发现所有奖励的玩家无须抽奖即可获得二等奖。看吧，探险型玩家都会去挖掘这些隐藏的宝贝。把这些宝贝都换成广告位或者广告产品，可以赚一笔广告费了。如果想把位置留给自己用，那你比我更明白应该放些什么。

第三个方向是，拼字谜。你只会拿到部分的线索，系统会指定另一个用户获得剩余的线索，并且把另一个用户的联系方式给你，你需要联系对方并与之一起解开这个字谜。相信社交型玩家一定乐在其中。如果你想自己解开这个谜底或者保护自己的隐私不外露，那么可以支付一定的费用（例如 1 角钱）给对方，请求关闭联系方式并获取剩余的提示，这样对方看不见你的联系方式并且可以获取一定的补偿——如果你们两人一起解答成功，每人可以获得 2 角钱；如果失败，都得 0 元。那么你现在如果答对了，可以获得 3 角钱，比原来多赚 1 角钱。**另外，对于你支付给对方的 1 角钱，系统会抽取 2 分作**

为交易手续费。于是，变现的机会又来了。

第四个方向是，扔石子。游戏场景是在夜里。你需要去不断地在夜里朝对方家的玻璃扔石子，激怒值越高，你越容易获得成功。但如果被逮着，就需要重新开始玩了。毋庸置疑，这种玩法是杀手型玩家的最爱。

对于以上方式，你可以根据自己的产品或者产品组合来搭配使用，未必每次都要设置成四种方向。

④ 合作与对抗

最原始的合作与对抗在游戏中一直体现得很清楚。只需 4 个字，各位就会明白——“为了部落”。一群人跟另外一群人打群架，最后无论是联盟赢还是部落胜，总有一方是出局者。联盟内部的玩家都是合作方，大家一起联合起来去对抗部落的人。联盟 PK 部落，明显是双方玩家的对抗行为。

两个或多个玩家共享一个目标，并且通过共同努力去实现这个目标，或者通过互补的游戏策略来通过单个玩家靠自身能力无法通过的障碍。这种行为称为“合作”。

合作是非常初级化的社交体验。在 CS 中，经过训练或者有良好团队意识的玩家，会每人负责一个位置，来让团队在对抗中走得更远。以上是游戏中的合作。

那么游戏之外呢？听说《动物之森》就是这样一个游戏之外的合作游戏。玩家“生活”在一个由拟人动物居住的村庄里，并开展各项活动。另外，玩家把自己的游戏卡插到别人的主机上，便可以帮助其他玩家解锁新的内容。这里的主机是任天堂 3DS 或 NDS。

许多游戏也是通过线下互插游戏卡来得到解锁的。大家应该注意到“线下”以及“互插”这两个关键词。这对于我们做具有社交属性的互联网产品，真是一个非常好的启示!

如我们最近在做一项活动。用户集齐“我”“有”“500”“万”这四个字，就会得到 500 元的奖励。实际上，这个游戏是需要 4 个用户一起合作完成。作为“有”字的用户，你得通过 LBS 或者 IM 短信息去联系其他用户，询问他们的字，并约好时间，把 4 个人聚在一起，每人手上拿着自己的手机，将这 4 个字通过别人拍照的方式，拍出来，然后再将照片上传至服务器，同时在各自的用户状态中，更新自己的活动状态为“已集齐”。这样会不会让用户的黏性和积极性变得更强?

我们再缓一步结束这样的思考，以这种方式做陌生人社交，效果会不会更好?我给你 1，你去找 2，你俩在一起才能生效。“双 11”“双 12”，使用这样的方式推广一款产品，效果一定不会差。以这种方式赚钱的思路也非常多。植入广告自不必说，交易手续费也可以作为补充收入。举个例子，如果你只能拿出一个 500 元奖励的预算，那么可以要求每人支付 2 元的产品金币（1 金币 =1 元）才能参与这项活动，谁最快完成谁就有机会获得 500 元奖励。因此这项活动只需要有 250 人参加，你就收支平衡了。如果加入位置广告，那么这个活动只赚不赔。

最后，值得注意的是在一些游戏中，对抗不仅是与另一端的对手进行，也是对自己之前成绩的挑战。很多玩家虽然对抗失败，但挑战成功自己之前的最好成绩，也会得到相应的奖励。如，用户在你所设定的规则中被系统或其他用户打败了，但是他比之前更卖力地去使用你的产品，你是不是应该给他一些特殊奖励呢?

❺ 公平

游戏对于玩家，必须是公平的。公平体现在：事前告知玩家任务，玩家只要完成动作 A（跳跃），便可以得到回报 B（奖励）。但如果游戏给了回报 C，那么这对玩家来说就是不公平的。

不要让玩家认为你的游戏机制是不公平的——即使实际上游戏机制是公平的，仅仅是“被玩家认为了”——他们会感觉受到了欺骗，有些玩家甚至会愤而放弃玩你的游戏，因此不要造成不必要的误会。如俄罗斯方块，给玩家定下的公平原则是“下一个方块会从 7 种方块中随机出现”。但是有部分玩家会认为方块不是随机出现的，而是系统故意制造困难给玩家的，因此就造成了误解，他们会认为俄罗斯游戏是不公平的。

我们再看下拉宾的公平模型。

第一，对于友好的人，其他人愿意牺牲自己的物质利益。这是利他行为。

第二，对于恶意的人，其他人愿意损失自己的物质去惩罚他们。这是惩罚行为。

第三，部分玩家如果牺牲或损失自己的物质利益越小，他们越容易参与到利他或惩罚行动中去。

显然，拉宾的公平模型适用于多人在线游戏——当然是社交型的。如跑跑卡丁车，玩家 A 总是会用道具去阻碍你的前进，这时你会很自然地使用自己的道具去阻挡玩家 A，使其也得不到顺利的前进，这是第二条的惩罚行为；如果玩家 B 对你表示短暂的友好，我想你也会投桃报李。当然，如果你打算惩罚玩家 A 时，系统将显示道具要通过人民币购买（牺牲或损失自己的物质利益变大），那么你一定不会选择去花钱惩罚他——不就是一局游戏嘛！

我们再去想想经典的《传奇》，是不是也属于这种情况？

因此，我个人认为，拉宾的公平模型可以给予一定的研究空间，可以将它适用于我们日常的产品运营中去。在公平的活动机制中，制造友好及恶意的角色，使玩家自然投入到牺牲或惩罚中，给系统带去实际的利益。

❻ 循环反馈

一般而言，游戏可以有两种反馈机制。

一种是正循环反馈。例如《大富翁》里占优势的玩家会越来越有钱，他们买地皮，拿金币买道具，其他处于下风的玩家基本就没有什么翻身的机会了。因为他们富有，所以他们会越来越富有。这正迎合了马太效应。玩家达成一个目标能够获得奖励，而获得奖励后玩家继续达成其他目标会变得更容易。例如在中国象棋中，吃掉对手的棋子，会让对手变弱，这样可以吃掉更多对手的棋子；在 LOL 中，玩家杀了更多的野怪而升级，那么升级后的玩家，有了钱买装备，可以更轻易地杀掉更多的野怪；在 CS 中，玩家干掉了更多的对手，对手的团队便更容易被击溃。

正循环反馈之所以比较流行，是因为玩家通常只对能够帮助他们取胜的奖励感兴趣。但持续这样容易使得游戏失去平衡——大家都在围观第一个占到上风的玩家一个人去玩了。

另一种是负循环反馈。达成一个目标会让下一个目标更难达到。例如手游《见缝插针》，玩家陆续在球面插上 20 根针，那么球上可以插针的地方就越来越小。再如《叠罗汉》，把你手上的积木慢慢叠起来，越往上积木越容易倒掉。负循环反馈往往也被看作不太公平。因为如果游戏设计成“失败了反而获得了奖励”，那么这是不公平的。因此在设计时一定要小心，不要让玩家认为在游戏中任何表现都是跟结果不相干的。

当然，负循环反馈有个很容易解决的方案——为玩家完成游戏的目标提供奖励。例如上面的《见缝插针》，玩家并未完成 2-2 关卡，但是玩家相应完成了“插上 100 根针”这样的目标任务，那么游戏就应该奖励他一个针的皮肤或者其他道具，这样不至于让玩家因频繁失败而彻底放弃游戏。

因此，在现在或者未来的游戏中，应将正、负循环机制结合起来进行设计。

最后回到我们的产品中来。**我们将奖励作为正循环反馈来进行设计；将提升难度作为负循环反馈来进行设计**。另外，我们提供额外的激活机制：如完成任何系统指定的任务，即便在使用过程中产生“失败”的局面，也会得到相应的奖励。其实最简单的可以借鉴《炉石传说》，每日都有新任务等着玩家。例如“使用 40 次的法术牌”完成这个任务，就可以获得 60 金币。那么，在使用法术牌的过程中，玩家有可能失败，拼不过其他玩家，但该玩家使用的法术牌还是正常计数的。因此无论结果是胜利还是失败，最终只要“使用过 40 次的法术牌”，玩家就可以获得相应的奖励。

7 人类智能

根据哈佛大学发展心理学教授霍华德·加德纳于 1983 年提出的多元智能理论，我们可以将人类的智能（认知方式）分类为以下 8 种。

① 数理逻辑：通过批判性思维和逻辑来认知的过程，也称为“左脑学习”。

② 空间：通过想象将物体在空间中的情形视觉化来获取认知的过程。专业象棋运动员的“盲棋”，即是这种认知方式。

③ 语言：以听觉或书面的方式，通过文字来获取认知的过程。此类型者适合通过听演讲或读书来学习。

④ 身体运动：通过身体或周围物理世界的移动来获取认知的过程。此类型者通过触碰或接触对方，可以学得更好。

⑤ 音乐：通过音调、旋律、节奏、音色等与音乐有关的元素来获取认知的过程。此类型者能从歌曲或童谣中学习。

⑥ 人际交往：通过与他人互动来获取认知的过程。此类型者非常有爱心或者非常擅于交际。

⑦ 内省：通过自我反省来获取认知的过程。此类型者通常比较安静，一直从自己内心寻找答案。

⑧ 自然探索：此类型者喜欢从周围的环境中获取认知。

以上的分类，与我们接触到的九型人格比较相类似，也是将社会人分成若干种特性，然后根据各个特性在不同人的身上体现强弱，来识别目标人是哪一种类型的人格。因此，抛开游戏设计不谈，从产品下手，我们的产品得适应无限多的用户，所以要考虑不同的人的认知活动。

回到游戏设计，我们再看几个例子：

《龙与地下城》——对擅长数理逻辑认知的人非常有吸引力，有许多统计状态需要玩家记住。

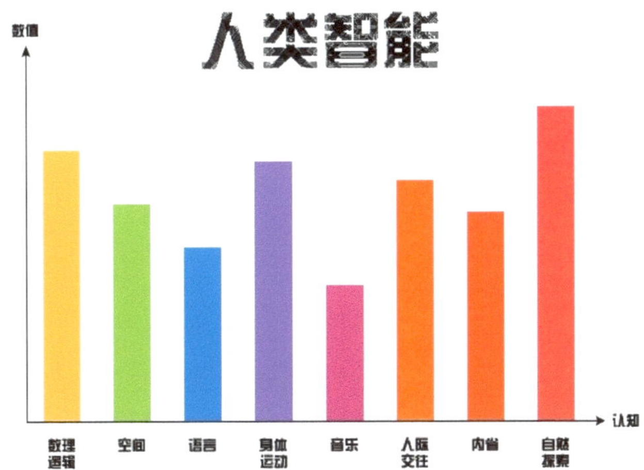

《音乐方块》——对擅长空间认知的人有吸引力。

《地下城堡》——对擅长语言认知的人有吸引力。

《体感游戏》——对身体运动认知类的人有吸引力。

《劲乐团》——对音乐认知擅长的人有吸引力。

《纸牌》——对内省认知类的人有吸引力。

《模拟人生》——让乐于人际交往型的人更加游刃有余。

寻宝类的游戏——自然探索认知类的人有发挥的长处。

大多数游戏会穿插数种认知方式。我们可以根据这些认知的特点来引导用户。现在，你对自己的用户有没有更多的了解了呢？

8 彩蛋——隐匿性设计

先来解释一下霍华德法则：游戏中的“秘密”的重要性是与两个因素直接成正比例关系的，这两个因素分别是“游戏内容从表面上看起来的无辜程度”和“游戏内容的完整度”。也就是说，如果从表面上让玩家越觉得无秘密可挖，而且游戏的内容诠释得越完整，秘密（彩蛋）带给玩家的乐趣就越强烈。

MD 版的《梦幻模拟战 2》带给玩家的体验最明显。“从表面上看起来”只有 27 个关卡，但是通过在某个关卡触发某个条件，如通过杀死某个敌将或拯救某个 NPC，玩家会被带入隐藏的故事情节，即进入了隐藏关卡，这对于游戏老玩家而言，是非常令人兴奋的——因为玩家原本就很喜欢这款游戏，久玩不腻，在熟悉操作、尽情畅玩的同时又开启了新的故事内容，这种吸引力是巨大的。这种隐藏关卡的设计和该游戏中升级转职业的概念一致——每次升级可以选择 3 个职业，每次职业的选择将会影响玩家最终职业的确定。作为 20 世纪 90 年代的游戏，《梦幻模拟战 2》堪称经典。

再看看《恶魔之魂》这款游戏。在这个隐秘的世界里，玩家通过控制角色的一系列动作可以解锁隐藏事件、区域或人物。当这些秘密的功能逐渐结合到一起时，便能揭示出更大的秘密，这种设计就将彩蛋的作用发挥到了极致。

我们也可以将这种隐匿设计理解成“普通或简单的游戏背后原来藏着具有深意的主题”“看似简单的游戏竟然有转折性体验”“这个游戏看起来是个简单的平

台跳跃游戏，但是接下来……”大家可以玩玩《超级小花》，这看起来是个简单的跳跃游戏，但随着游戏的深入，洛夫克拉夫特式的恐怖逐渐出现了。

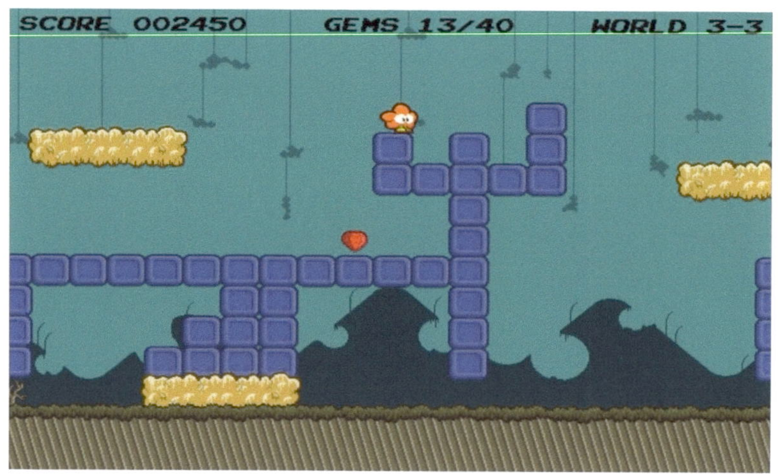

因此，回到我们自己的产品上。除了一些日常任务的设定，我们可不可以不要告诉用户一些隐秘的目标奖励，如 10 分钟内不关闭客户端，将会获得奖励积分；在 25 分钟的时候再次奖励。用户会不会惊喜于这样的天降积分？会不会更持久地开着客户端不关闭，等待下一次奖励的到来？

将彩蛋放进你的产品设计里，给用户惊喜，就好像突然从他们身后给一个温暖的拥抱。

9 信息

无论在游戏里还是现实中，当我们要下决定、做选择时，除了根据自身知识或者经验做出判断之外，所依据的一定是接触到的信息数量和信息性质。因此，在游戏设计中，在不同的空间点或时间点上，所提供给玩家的信息类型和级别，可以极大地影响这个游戏的玩法。

一、游戏结构

① 游戏的设定与规则：如三国杀里各种牌的使用都是巧妙设计过的，并且有些牌在使用时还需要激活一定的前置条件。

② 游戏环境本身：如三国杀里每张牌及牌上的文字都属于信息。如你有一张角色牌“孙权”，这张牌上的文字很清楚地表达了一些重要信息——该角色具有一项技能，便是让吴国的武将进行反馈救援的。

③ 如果游戏中的某个元素被作为随机参数而非固定值来设定的，那么这属于明确型信息，这也是作为游戏规则来设定的。

如《大富翁》，玩家不知道下一步自己的角色会走多远，但大家都知道步数是由两个骰子来决定的。

二、游戏状态

目标单位元素所处的位置、分数、资源等情况属于游戏状态信息。如《炉石传说》中牧师的泉水，每回合结束时，会随机给友方随从加血。玩家会利用这张泉水牌的特点——具有给随从加血的这样一条信息——来牵制对手。**复杂点说，游戏当前处在哪个阶段，某条信息会否关系到玩家的哪些行动是否有效。**

三、完全信息

所有玩家都知道关于游戏的每一条细节，如环境、规则、当前位置、所有角色状态及当前游戏阶段。如中国象棋、跳棋、国际象棋、大富翁，等等。

四、不完全信息

如果在游戏中，一部分信息对某一个或更多的玩家是隐藏的，那么这个游戏是“不完全信息游戏”。如《妙探寻凶》《狼人杀》，围绕寻找那些向一个或多个玩家保密的信息展开的行动正体现了游戏的乐趣所在。在《妙探寻凶》中，秘密信息是“谁”“在哪里”“用什么武器”完成谋杀；《狼人杀》则是在全村范围内追捕隐藏的秘密狼人。

实际产品设计中，可以利用不完全信息来引起用户的兴趣。对用户 A 透露一条秘密，这条秘密需要获得用户 B 的另一条秘密才能揭晓答案。社交互动才能共赢。

⑩ 科斯特的游戏理论

所有游戏其实都是低风险的学习工具，每一款游戏都可以是寓教于乐的。我们看电视里的动物世界，鸭子妈妈带着一群小鸭子排着队浮在水面上玩耍；更有一个搞笑又励志的视频，鸭子爬阶梯。鸭妈妈是在出于本能地行教育之事，在嬉戏中将生存的技能潜移默化地教给小鸭子。这种传承全都来自于游戏——寓教于乐。

我们人类也一直在游戏中学习。有趣的学习体验使大脑分泌内啡肽。根据百度百科的解释，“这些肽类除具有镇痛功能外，尚具有许多其他生理功能，如调节体温、心血管、呼吸功能，等同于天然的镇痛剂。”正是这种内啡肽的循环释放，才促使我们一再体验游戏。但如果一旦发现这个游戏无法教给我们更多的东西时，我们很有可能就没最初接触它时那么大的兴趣了。比如九连环解锁游戏，这种游戏虽然思维过程很复杂，可是一旦你掌握了方法，多次解开后，你可能便会对此产生厌烦——你已经足够熟练，这个游戏已经无法让你分泌内啡肽了。

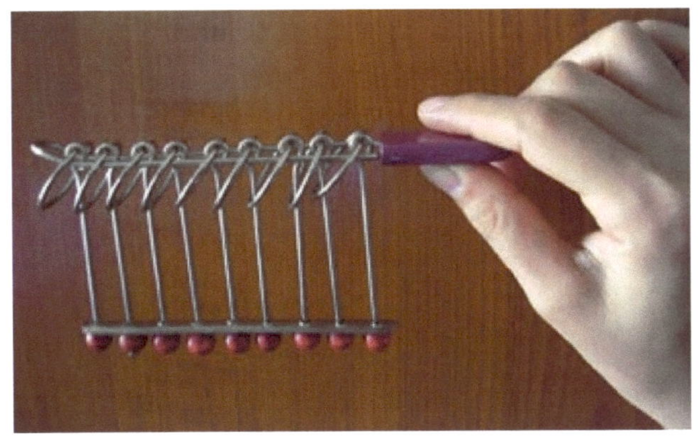

而魔方是另一个好例子。虽然是同一种游戏载体，但随机打乱方块的顺序后，可以生成 N 多种待解决的杂乱排序，对于每一种混乱的顺序，对玩家而言都是新的挑战，所以这种游戏能够轻松起到刺激内啡肽的作用。

组块化也是该理论的重点，即将复杂的任务分解成可以下意识完成的细分小任务的过程。例如我们在游艺厅玩《太鼓达人》时，把自己想象成一个乐队真正的鼓手，双手都拿着敲鼓棒，根据游戏屏幕里的提示，去敲击不同的乐器——那么这个游戏就要求玩家将部分或全部的敲击动作转换成下意识的敲击动作，才能玩出超好的成绩。如果边敲击边思考下一次敲击哪里，是不可能创造出好成绩的。

又如学驾驶的新学员，既要学会踩油门、踩刹车，又要掌握方向盘、踩离合器切换挡位，还要随时观察左边、右边、后视镜里的路况。刚接触驾驶的新学员，一气呵成完成这么多动作可能会比较吃力，但在老司机眼里，这些都不再是复杂的动作组合，他们有丰富的驾驶经验，可以轻易地把这套复杂动作分解成一个一个单位动作，并能下意识地完成这些操作。

科斯特的理论认为，我们在一个不断变化的过程中参与并接受挑战就是“快乐”的，特别是在学习之时。我们成功完成一个挑战——在一款游戏中学会如何达成一项游戏目标——就是“快乐”之源。游戏设计的目标是重组大脑的思维范式，这是非常严肃的事情。对此感兴趣的读者请阅读《游戏设计快乐之道》（第 2 版）。

根据科斯特的理论，我也非常赞同寓教于乐，这也是我写作此书的目的之一。**因此，我认为任何行业都可以通过游戏化来完成自我升华。另外，请各位记住，游戏不是只有娱乐属性，它是思维变革的一种方式，而娱乐不生产任何实际价值——不必说现今的娱乐产业催生了多少变现，这与做一款产品是不同的概念。**

11 “简单趣味”“困难趣味”“他人趣味”和“严肃趣味”

拉扎罗的 4 种关键趣味元素。

①“简单趣味”：玩家对一种新的体验感到好奇，他被带入这种体验中并且开始热衷于此。比如练习投篮。投篮原本就非常有趣，不需要玩家通过得分多少来获得乐趣。“简单趣味”是吸引好奇玩家并使他们加入游戏的诱饵，玩家对此的反应通常是好奇心、探索欲和惊喜。还记得《Flappy Bird》吗？正是由于简单趣味，让玩家欲罢不能。

②“困难趣味”：玩家通过跨越游戏中的重重障碍，发展出新的战略和技能来实现游戏所指定的目标，而这些目标也是被一个一个分解后可达成的。在完成目标的过程中，挫折有望增加玩家的专注力，并且当玩家最终获得成功时，这种乐趣会让玩家体验到史诗般的成就感。想一想玩家在魔兽世界中历经千辛万苦终于做成一个任务后兴奋的情景吧。在玩家体验“困难趣味”的过程中，游戏的难度与玩家的技巧之间要达到一种恰好的良性平衡。这里要注意一点，如果游戏不会变得越来越难，那么玩家可能会因为无聊而离开；如果游戏变难的速度太快，那么玩家可能会因为受挫而离开。这方面虽然容易理解，但达到最平衡的那个“度”是最难把控的。

③“他人趣味”：玩家和朋友一起玩游戏的时候，竞争、合作、沟通、领导等交互行为会结合在一起，这种趣味比其他三种趣味联合起来还要有趣。当大家在同一个房间里玩同一个游戏的时候，这种有趣的体验会被放大。

④“严肃趣味”：玩家通过游戏来改变他们自己及其世界。游戏对于他们来说是价值观的表达。比如玩虚拟世界，玩家想在这个虚拟的世界里，通过自己的虚拟角色去创造一个他们自己想要看到的世界；又或者玩拳击游戏来发泄他们的不满——总而言之，他们是想要通过游戏来达到某种内心的目的。

一般比较畅销的游戏会同时满足这 4 种趣味元素中的 3 种。尽管玩家会偏好喜欢某一种或某几种，但实际上这 4 种趣味都比较受玩家的欢迎。**使用这 4 种不同的趣味，交替着让玩家感受，由于每种元素带给玩家不同的任务和感受，所以会使玩家保持对游戏的新鲜感，从而增加玩家的黏性，延长玩家体验游戏的时间。**

那么如何将这 4 种元素加入产品中去？以移动社交应用为例。我们给这款应用新增一个互动功能，叫作“痛扁”。当进入界面时，用户可以看见一个气势汹汹却又长相搞笑的漫画人物，可以根据自己的需要，去改变这个人物的样貌并取名。每当用户用手触碰人物脸部时，画面中的人物便会“吃一拳”；用户手指的滑动轨迹如果是→↑，则屏幕中会出现右勾拳；若←↑，则出左勾拳。这是基本的操作方法。首先要实现“简单趣味”，我们可以通过不同的操作显示不同的画面来实现。其次是“困难趣味”，我们可以采用升级模式或者任务模式来引导用户不仅仅满足操作的体验。比如我们给用户定个任务，“10 秒内打出 5 记漂亮的右勾拳”，这样可以默认用户玩这款游戏的时间周期为 10 秒。虽然时间不长，但黏性足够强。再次是“他人趣味”，让用户邀请陌生的朋友一起来玩，然后对得分进行排名对比——有自己玩的得分、有帮助别人玩的得分、有别人帮你玩的得分，甚至搞个成就解锁，发发勋章，兑兑积分。最后的“严肃趣味”则可以把漫画人物的样貌和名字开放给用户，让他们去改成想“恶作剧”的对象的样貌，名字也取一样的，叫朋友或同事一起来围殴这个漫画人物。再结合一下任务体系，在这个界面上，用户可以点击屏幕进行录音，发泄负面情绪，当然他发出的声音是被处理过的，所设置对象的名字也是被打上马赛克的。发泄之后，他还可以把这个过程下载到本地（已经录成了视频），分享给朋友或者同事，也可以直接上传到产品的服务器上，进行“年度痛扁搞笑奖评比”活动。

这是移动社交游戏化的过程，也必将成为一个引爆点。

⑫ 自由世界

这里的自由世界指的是游戏的虚拟幻想世界。在这个世界里，你可以获得金钱、美女、权力、地位，甚至你是一国之君——虽然当你离开游戏时，这些会变得毫无价值。

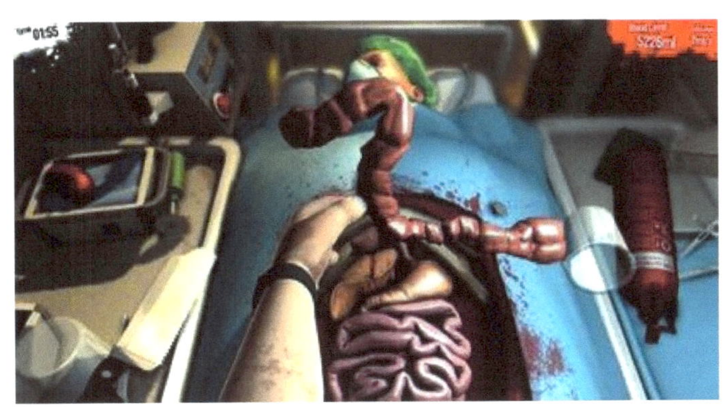

玩家在游戏中常常会扮演两种角色。一种角色源于玩家自身形态的投射：在现实生活中，玩家是一个乐于助人的人，那么在游戏里，玩家会更加努力扮演好“乐于助人”的角色，将自己作为一个正能量的品牌产品推向虚拟世界，结识更多的朋友，处理好复杂的虚拟社会关系。另一种是极端的“逆角色”：玩家自己在现实生活中根本不可能会去扮演的角色。比如你在现实生活中是一个友好的人，但是你在游戏中有可能会扮演“破坏者”的角色，在游戏里到处搞破坏。

事实证明“逆角色”很受玩家的欢迎——这正是游戏或者说是虚拟世界的魅力所在。**那我们现在应该考虑的是，有哪些玩家行为，是在真实世界里不能去做，而在游戏中可以由玩家突破这些限制去完成的？（比如物理定律或者资源缺乏、其他条件不允许等所涉及的人类行为）把这个思路借鉴到产品设计中去——让用户通过自身努力或者互动，体验“平时想要做，却碍于面子或者缺少条件而不敢或不能做的事情”——给用户一个不再拒绝或回避的理由。**

比如我的产品是 SOMOLO，我发起了一项活动：限男性，今晚 22:00—凌晨 2:00，在酒吧街区，搭讪 5 位陌生女孩并成功带她去吃宵夜。不可告知对方自己正在执行活动任务。除非遇到人身安全事件。这让平时羞于搭讪的男生有了一个足够行动的理由。别人问起来，他可以说，我正在参与 ××× 应用的活动。**所以这块“遮羞布”，你得替用户遮上。**

再如，我的产品是以家庭为单位的生活服务类产品。我在产品首页发布一项活动：请各位通过语音告诉自己的爸爸妈妈，自己有多么爱他们，并且由所有参与者评选出最棒、最温馨的表达。中国人都很内敛，不善于表达内心细腻的情感，推出这样的活动，看似娱乐，却在积极影响着每一位用户的真实生活。这是给用户一个表达对父母的爱与感恩的理由和机会。

所以，做产品设计，要抓住并充分利用好在现实世界里用户不能或不善表达，却又渴望外界理解和认同的内心的真实情感。

⑬ “即时战略类”与“战棋类”的行动采取策略

游戏中总是出现玩家与玩家之间、玩家与电脑之间博弈的场景。我们把博弈的场景划分为“即时型”和“顺序型”。“即时型”游戏如魔兽争霸、石头剪刀布，“顺序型”游戏如中国象棋、大富翁。在“即时型”游戏的机制中，玩家必须考虑他的对手会采取哪种策略。比如魔兽争霸，对手是人族、兽族、暗夜族，还是不死族？如果是人族，他会出“大法师 + 步兵流”的策略直接拆我建筑物，还是出男女巫的组合先消灭我的部队？作为“即时型”游戏的玩家，必须考虑对手的种种情况，却不一定能够猜对对方会采取何种策略。每位玩家都知道对方面临着与自己相同的问题，比如“对方现在正在干什么”，类似问题的答案会直接影响玩家下一步的策略甚至游戏的结果，所以玩家在“即时型”游戏中会不停地去搜集最新的情报，以尽可能地识别出对手的策略而采取应对策略。著名的《囚徒困境》也属于“即时型”博弈的例子。

下面再看一看“顺序型”。在“顺序型”的游戏机制中，每位玩家需要轮流做出决策。比如中国象棋，开局对方先走了一步“当头炮”，轮到你决策了，你是要保守的“马来跳”呢，还是走个强势的“顺风炮”？我们可以看出，在“顺序型”游戏里，玩家对于之前他的对手做出的决策至少是部分知情的。再如“大富翁”游戏，你是第三个掷出骰子，可以根据之前两位的决策结果作为参考，以确定自己掷出骰子后所下的决策。**在这种多人博弈中，了解其他人的行动会有哪些优劣势，及玩家在这个顺序中哪个时间点需要他做出决策，是很重要的。**

“顺序型”游戏里，通常可以通过决策树来判断玩家之后的决策行为。

回到中国象棋，高手走出一步棋，都能预见对手后面 3 ～ 5 步的棋路；专业棋手乃至大师级棋手，甚至能通过开局的几步棋路的演变，就能判断出对手的棋路，并且设下陷阱让对手陷入败局之中。**这种演算棋路的过程，就可以理解成对决策树的分支进行快速选择的过程。**比如前面说的，我“当头炮”，假如你“马来跳”，那么我下一步会走……又假如你“顺风炮”，那么我下一步会走……

合理利用这两种机制的设计，将这两种博弈置入产品中。在后面我们聊到博弈时会讨论更多相关的问题。

14
MDA

MDA 是一种系统化分析和理解游戏的方法。关键词：机制、运行和体验。

① 机制是游戏的规则集合。比如 CS，玩家按下了空格键，游戏中的角色便原地跳起；玩家点一下鼠标左键，则角色射击一次。游戏规则是：如果是警方，杀光匪徒或破解 C4 炸弹便算胜利；如果是匪方，杀光警方或者引爆 C4 炸弹便算胜利。**这一项项的输入 / 输出操作以及游戏的胜败条件等，构成了游戏的规则；而整个游戏规则的集合，便是 CS 这款游戏的系统机制。**

② 运行是指游戏过程中所有参与者表现出来的行为。再以 CS 为例，匪徒和警方会商定好各自的策略。有的匪徒玩家们在与对手的较量中，通过吸引警方的注意，故意声东击西，掩护背着 C4 炸弹的“同伙”趁机引爆 C4 获得胜利；而有的匪徒玩家们，则会一开局就以全歼警方为目的，以引爆 C4 作为诱饵，来干掉对方所有玩家……各式各样的战术打法都由玩家思考生成，这样反而丰富了游戏的运行方式。以上出现的各种运行方式，都是由游戏的机制来决定的——假如游戏机制规定双方只能通过手雷炸死对方作为胜利条件，那谁还会去冒着失败的风险去引爆 C4 呢？因此，游戏的运行是对游戏机制在真正运行时的效果展现。

③ 体验是指玩家在游戏运行时输出的情感。如果双方对战到最后，只剩一个 1 滴血的警方和只剩一个 3 滴血的匪徒——双方都处于会被一枪干掉的境况——相信每个参与游戏的玩家，都是紧张到极点的——这里的紧张情绪，就是玩家在游戏运行中输出的情感。

以上便是游戏的机制、运行和体验。我们有两种方式来实践或者使用 MDA：一是反着来。你想在游戏中让玩家达到什么样的体验效果，这样的体验效果需要玩家参与哪种游戏运行过程，最后再为这样的运行过程设置游戏的机制，二是先确定好游戏机制，这些机制会带来特定的游戏运行，再让玩家产生特定的体验。

我们再来看一下，如何实践这个方法。**如果你想要应用到实际运营的活动中去，最好先考虑参与者的体验——你想让他们通过活动的参与感受到爱，还是挑战、紧张或是幻想？那么根据这种体验目的，去进一步考虑，让他们做出哪**

些行为，会使得他们感受到这样的体验？最后将引导这些体验出现的情况，设计成一条一条的活动规则，汇总起来形成你的活动机制吧！

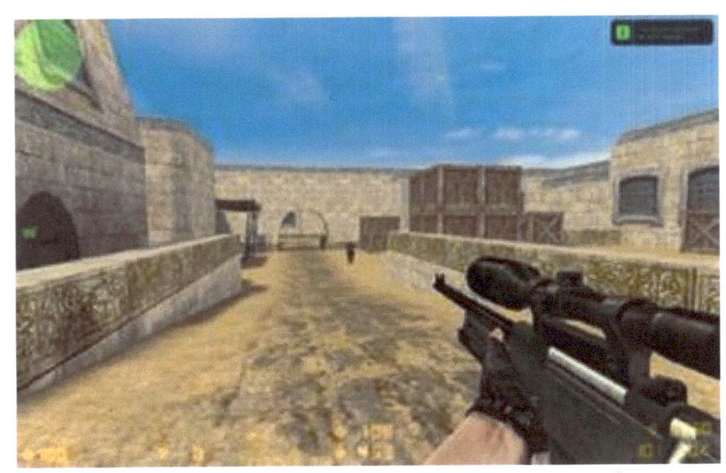

一般，不同的体验包括挑战、恐惧、紧张、幻想、社交和探索。那么，在设计活动时，让 MDA 帮助你先回答一些问题吧。

① 你的机制将会创造什么样的玩家行为？

② 这些行为符合你的活动期望吗？

③ 如果规则改变了，对活动运行有什么影响？

④ 你的活动想要达到什么样的目的？

⑤ 哪些机制和你想要达到的目的是契合的，哪些是对立的？

⑮ “我记得”和“↑↑↓↓←←→→B-A-B-A”

广义上，游戏类型可以划分为“记忆型”和“技巧型”。举几个例子。《超级玛丽》是一款融合了技巧与记忆的游戏。在游戏中，玩家必须跳过一段又一段的障碍以及各种敌人，并且凭借记忆去通关迷宫。看似简单的游戏内容却要求玩家拥有良好的记忆与尽可能高超的技巧。再看桌球游戏，无论是美式桌球还是斯诺克，都需要玩家通过“精确”的计算，判断在哪个角度、使多大的力道、用哪种方式击球才能使得被撞击的球入洞。

再如街机的“97 格斗之王”。如何使用组合拳把对方打得毫无还手之力，也是非常讲究技巧的。

再来看一些“记忆型”的游戏。例如那种翻出同样内容的牌，才可以消除的游戏。如果翻出的牌内容不同，则牌会自动翻回原样；如果翻出的牌内容相同，

则会消除。以此类推，玩家再去翻另一种花色的牌，直至所有牌全部被翻完为止。有的游戏需要翻出 3 张甚至 4 张相同的牌才可以消除，这对玩家的记忆要求非常高。

游戏中的记忆术非常重要，这个思路可以应用到“虚拟现实”。例如通过模拟游戏来提高外科手术的熟练度。技巧为动，记忆为静，值得我们思考的是，动静结合的游戏机制如何才能更好地匹配到产品的灵魂里？

“极大极小”与“极小极大”

“极大极小”：先看“极小”，后看“极大”。面对若干选择，“在风险最小的几个方案之间，选取利润相对最大的方案”。这属于保守型策略。比如，资产增值的方法有储蓄、股票、期货、白银、债券、债权转让等，倾向于“极大极小”型的人，一定会在储蓄、债券等方案中选择一个更保险的——因为资金安全最重要，在不会丢失本金的基础上选择利润相对最大的方案。

“极小极大”：先看“极大”，后看“极小”。面对若干选择，“在利润最大的几个方案之间，选取风险相对最小的方案”。这属于激进型策略。继续拿上面的例子进行分析，股票、期货、白银等投资手段，可以获取更高的回报，但同时也要承担更大的亏损风险。倾向于“极小极大”型的人，一定会在这几种“更赚钱”的方案之间，选择一种或多种资产保值的方法——利润比资金安全更重要。在游戏设计中，“极小极大”型玩家通常会想让对手获得最小回报，以此压制对手。为了达到这个目的，他们也不一定总选择让自己能够获利最大的方案，因为这样做也不一定会减少对手获得的回报。这就是为什么在一些策略游戏中，比如《星际争霸》里，有些玩家宁愿自己不去屯钱打造最完美的队伍，也要把资源投入到不断骚扰对手的方案中。

其实这两种博弈时的决策心理，可以简单归纳为保守型决策和激进型决策。**用高回报中存在较低风险的方式去吸引你的激进型用户，而用低风险中存在较高回报的方式去拉拢你的保守型用户——这种思路怎么样？**

现在，你需要：

① 从你的产品里识别这两种类型的用户——如何识别？

② 规划设计“高回报中存在较低风险”“低风险中存在较高回报”的业务规则——如何规划？

③ 刺激运营让用户买你的账——如何刺激？

⑰ 纳什均衡

我们先通过最简单的两人博弈来理解一下纳什均衡的定义。A 针对 B 的现状做出了一个自以为是最优的方案选择；B 又针对 A 的行为也做出了一个自以为最优的方案选择。如果 A 认为 B 的策略，会影响到自己之前的方案效果，那么 A 会继续改变策略，以调整到自己认为的最优可输出方案为止；同样，B 也可以不断地根据 A 的策略来调整自己的策略，以达到自己认为的最优可输出方案为止。经过双方不断的优化策略，直到 A 和 B 都认为自己已经是最优状态，不需要再调整了，那么这时，他们就构成了纳什均衡的状态。最著名的例子是囚徒困境，这个后面咱们再说。

这个原则的根本应用意义在于，各方不断调整策略的过程及调整后所得出的结果对于应用对象影响比较深刻。

举个例子。玩家 A 和玩家 B 在玩一种扑克游戏。他们手上分别有大王和小王两张牌，两人必须任选一张牌并出示给对方看。

① 如果两人都出了大王，那么 B 给 A 3 颗豆豆。

② 如果两人都出了小王，那么 B 给 A 1 颗豆豆。

③ 其他情况，A 给 B 2 颗豆豆。

B / A	大王	小王
大王	(3, -3)	(-2,2)
小王	(-2,2)	(1, -1)

表格左边第一列是 A 的大小王，上面第一行是 B 的大小王。假设 A 出大王的概率是 x，那么出小王的概率是 1-x。同理，B 出大王的概率是 y，出小王的概率是 1-y。

$$3x-2(1-x)=-2x+(1-x)$$

即当 B 出大王时，A 出大王挣的 3 颗豆豆乘以 A 出大王的概率 x，加上 A 出小王亏的 2 颗豆豆乘以 A 出小王的概率（1-x），之和，应该等于——当 B 出小王时，A 出大王亏的 2 颗豆豆乘以 A 出大王时的概率 x，加上 A 出小王赚的 1 颗豆豆乘以 A 出小王的概率（1-x）的和。

得出，x=3/8。

同理，B 的方程为：

$$-3y + 2(1-y)= 2y+ (-1) \times (1-y)$$

$$y=3/8$$

那么 B 每次的期望收益是 $2(1-y)-3y$ = 1/8 颗豆豆。在双方都做出了最优策略的情况下，B 每次都会赢 1/8 颗豆豆。只要 B 一直出（3/8，5/8）的策略——即跟 A 玩 8 次，3 次出大王，5 次出小王——那么他就会每 8 局赚 A1/8 颗豆豆。

虽然纳什均衡看起来比较复杂，但细细研究，对我们理解博弈是非常有用的。

⑱ 帕累托最优

帕累托最优，考虑的是资源配置的效率问题，这一概念应用于许多行业。在了解帕累托最优的同时，我们需要再了解一下“帕累托改进”。

举个例子，策略游戏《三国志》。假设玩家选择了蜀国。游戏开始前，会让玩家通过选择游戏年代来确定游戏地图。地图上假设有 50 个城池，玩家必须占领全部 50 个城池才能算成功。玩家与其他两个电脑对手——吴国和魏国进行竞争。所以游戏开始时，地图上有 3 座城池是有主将的，剩余 47 个是属于待占领的空城。随着游戏的进行，玩家占领了越来越多的城池，这是游戏中宏观上的“帕累托改进”。同时，每个城池能建造的建筑物也在不断的建造、升级，这是游戏中微观上的“帕累托改进”。当游戏推进到某个节点的时候，玩家占领 30 座城池，吴国占领 15 座城池，魏国占领 5 座城池——大家都没有空城可以占领了，达到了真正三国鼎立的局势，这时候就达到了帕累托最优。

“帕累托改进”：资源交换过程中改进了系统中某个人的状态而没有直接损害系统中其他人的利益。再比如，在 RPG 游戏中，角色的每一次升级技能，也是一种帕累托改进。

“帕累托最优”：资源配置达到饱和，资源交换将损害系统中至少一方的利益。那么上述三国鼎立的局势，就达到了游戏的“帕累托最优”。如果玩家想要扩张自己的领土，就必须入侵其他国家的城池，攻城掠地，直接造成其他玩家的利益损害。

帕累托最优并不一定是公平合理的资源分配，也不会是分配方案中最好的。说句题外话，属于经济学范畴的帕累托最优的原则并不是解决“选择哪个方案最好或最坏”的天秤，如果一定要判断方案的好坏，那就得加入每个参与者各自的“价值观”了。《魔兽争霸》《文明》《帝国时代》等策略性游戏，都可以作为很好的例子进行分析。

那么说说帕累托最优的应用。比如我有一款 O2O 型的产品，手上有大把的线下店铺的信息，用户线上订购，线下取货。用户的行为模式已被固定化——用户只有订购了商品时，才会去线下的店铺。那么如何让用户在未订购商品时，也来访问店铺，为线下的合作商铺带来流量呢？我打算设计一个新玩法。在每个线下店铺设置 3 个签到位，代表冠军、亚军、季军，每个月进行一次评比，签到最多的用户，是冠军，可以获得该店铺的免费赠礼，亚军、季军亦可获得相应奖品。同时，为了防止刷次数，用户在上传签到申请的时候，必须在店里由店员实名进行验证通过。当每个月第一天开始时，这 3 个签到位就会被用户给占上了，这时候就相当于达到了帕累托最优——3 个资源位已经配置完毕，并且，如果第四名增加一次签到，会把原来的第三名挤下来，自己成为第三名，这就是损害了原来第三名的利益了。而每位用户可以通过签到次数来改变自己的排名，这是自身的“帕累托改进”，是不是很像 RPG 里的角色升级一样？

再回想一下那个若干年前很火热的全民游戏——你的那块菜地，是不是经常种满了各式各样的大萝卜？你也会半夜三更地起床偷你好友菜地里的菜？一共 10 块地，每块地上种什么菜，种多少，是否弄点道具使你的菜生长的快些，这些都涉及了帕累托最优的概念。

⑲ 囚徒困境

作为博弈论里经典的案例，这种假设是以“博弈者是理性自利”为前提的。

先简单介绍一下囚徒困境：有两名囚犯 A 和 B。

① 如果 A 和 B 合作，均不承认犯罪，那么每人都被判刑 1 年。

② 如果 A 和 B 背叛，坦白后，每人都被判有期徒刑 2 年。

③ 如果 A 坦白，B 不坦白，那么 A 无罪释放，B 获刑 5 年。

④ 如果 A 不坦白，B 坦白，那么 B 无罪释放，A 获刑 5 年。

A\B	合作	背叛
合作	(1,1)	(5,0)
背叛	(0,5)	(2,2)

每个人都有两种选择，坦白或者不坦白（背叛或合作）。之前我们说过，囚徒困境里的角色都是理性自利的，因此，对于每个人来说，最佳的选择方案是坦白（背叛）：如果我坦白了，刑期是 0 ～ 2 年；如果我不坦白，刑期是 1 ～ 5 年。谁也不能保证对方不会背叛我，对于对方而言，最优选择也是坦白，那么既然对方倾向于选择坦白，我如果不坦白，则他会无罪释放，而我被关押 5 年。最

优选择、不信任，导致了大家都会坦白。那么结果就是大家都被关很多年——这也是破案的一个常用思路。

所以从这个案例中也可以看出，**个人的理性自利，往往会造成团队的毁灭。**

那么如果你要和对手进行 N 轮决策，在未协商的情况下，你的对手在首轮可能就会背叛你——而你也必须选择背叛他，否则自己将在第一回合就处于不利之地。但如果在协商之后，双方都不背叛对方，而加强合作，那么这种合作关系就会长存。但如果有一方出现背叛，另一方就会采用同样的背叛方式来惩罚对方，直至对方主动采取合作来逆转双方之间的关系。

再看我国的外交政策，要与世界上各个国家进行博弈，着实非常复杂，很不容易。我们都知道国外商品要拿到本国卖，是要征关税的。如果两国之间商议好，关税都定在 10%，那么这是合作状态；但如果有一天，你背叛了这个协议，单方面将关税提高到了 12%，那么对方知道后，作为惩罚，很有可能会将对你国家商品的关税提高到 14%。长此以往，双方都无法获得对方的市场，这对各自经济的发展都相当不利。所以只有合作才是出路。再比如，在行业竞争中，经常出现通过降价来挤压竞争对手的生存空间，这就是背叛。如果通力合作，“囚徒们”都能生存。

囚徒困境给参与者带来了理性自利的结果，但这样的结果往往会把整个市场环境弄得一塌糊涂。市场环境越来越差，对市场中“囚徒”的生存也越来越不利，而越不利，“囚徒”就越想要自利，因此形成了恶性循环。很多同行意识不到这一点，背叛同盟获得短期利益是大多数同行的选择，却不曾想过这是断了自己长期的路。

打破恶性循环，需要一个坚持“合作”的角色出现。所以这也很好理解，为什么在某个行业洗牌之后都会冒出行业新贵。

话说回来，自己的产品和公司，切勿做出羞耻的事——其实是搬起石头砸自己的脚。当然了，你把囚徒困境变个法放进你产品里，让用户做囚徒，你做法官，也未尝不可。毕竟咱人多，算计这事儿我们也比较在行，肯定会出现“我并不是喜欢你这款产品，而是我一定要玩过那个对手”的局面的。

20 博弈得益

这里的“得益”不能理解成“得利”，应理解成“结果”。在游戏中玩家的决定会带来相应的结果，当然，结果可以是积极的，也可以是消极的。至于这个结果是好是坏，都没关系，它仅仅是一个结果而已。

博弈得益，分为基数得益和序数得益两种。

① 基数得益：用固定量的值，如点数、货币或者其他可以衡量计算的单位，来确定得益。这种得益需要用具体数值来表示，如 1 或 0，对或错，有奖或无奖，胜或败。

② 序数得益：使用得益所产生的顺序而不在于其数值大小来描述结果，从最好的名次到最差的名次的排序。比如在某项比赛中，排序 1 就比排序 12 靠前。

在某种程度上，我认为可以把基数得益与序数得益结合起来。基数得益获得单次结果，而序数得益在单次结果的基础上排序而成，获得新的结果。这个新的结果即是玩家在游戏中每次做出决定后所获得的反馈。当然，这个结果对玩家而言，有可能是有利的、好的，也有可能是不利的、坏的。但这并不影响博弈得益的输出。

比如我国的 CBA 职业篮球联赛。对于每个队伍来说，每场比赛只有胜或败两种结果。

“胜，+2 分；负，+1 分”，这就是基数得益；“随着比赛的推进，A 球队连胜 20 场，在联赛最后一轮结束时，以积分 50 分排名第一，获得冠军；而 B 球队，因为连连输球，积分 12 分，排名最末，被降级处理”，这就是序数得益。累计单位数量的反馈结果，在一定过程之后，获得了最终的得益。获取冠军是得益，降级也是得益，都是得到结果反馈的意思。一般来说，由于每位玩家想要在游戏中达到的目标不同——比如在球场上，有的人想要获得更多得分，有的人想要更多篮板，还有的人想要更多的抢断和助攻——但基本都是理性自利的，想要达到自身利益的最大化或者团队利益的最大化的。

值得注意的是，某些时候这种理性自利往往也会给自己与其他玩家带来最坏的结果。参考一下“囚徒困境”。如果两个囚犯都想给自己争取最好的结果，那么他们肯定会揭发对方是罪犯——根据囚徒困境，这种决定是针对个人而言的最优选择，是理性自利的——但是如果囚犯都这样做，结果就是他们获得最坏的结果：两人都被关押最长的时间。

因此在设计某款游戏或者某个规则时，要考虑好得益所带来的实际效果以及是否能切实解决目标问题。

考虑博弈得益，产品的设计可以结合基数得益与序数得益来进行功能或者细节的规划。就好比在你的产品中，划出一块做 CBA 联赛一样。**但我认为，该种思维方式运用于用户运营模式上，效果会更佳。因为只要有用户的地方，就存在博弈；只要有博弈，就会存在得益。**

就像那句话，“有人的地方，就有江湖”。

那些年玩过的解谜游戏

在电视游戏、电脑游戏还没有开始流行甚至还没有出现的时候，文字解谜游戏（如各种词的纵横组合）、数字解谜游戏（如数独）、棋局解谜游戏（象棋的残局）等大受欢迎。也许你会联想到文字猜谜的游戏：离厂还有500米（打一字）。实际上，解谜的游戏并不是为了寻求一个静态的、独立的答案，而是需要参与者能够通过一系列探索过程来达成目标——给你一条线索，你必须按照这条线索，去寻找下一条线索。你将会通过线索的获取更接近你的目标，直到完成目标。

如果你做过或者了解过项目管理，你一定会知道“关键路径”和“非关键路径”。比如《仙剑奇侠传》的“关键路径”是主线任务，而“非关键路径”则是支线任务。支线任务不完成，不会影响主线任务的进程，完成支线任务只是为了更丰满游戏内容同时也更耗费时间而已。这是比较模糊的比喻。我认为最清晰的例子是“中国象棋的残局”。

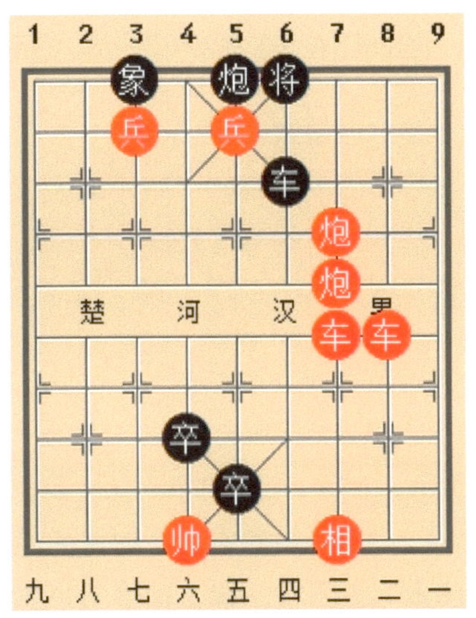

残局有个规则：红方先走棋，并取得赢棋。残局要求红方必须环环相扣，真正是步步惊心，走错任何一步棋，都会输掉整局棋，只有按照特定的棋路，才能获得最终的胜利。上面这盘残局，大家可以感受一下。

我们在理解象棋残局的基础上，再考虑一下数独。

1			2					
	7			8				
	3			5		6		9
4				1			3	
7	9				4	1	2	5
2	5			3	9		8	6
3	1		9		8	5	6	2
9	8		6	2	5	7		3
6			1	7		8		4

每个九宫格、横排、竖排，都不可以出现相同的数字。

数独也是确定了线索 A，再顺着 A 去找线索 B，直至完成整张数独表的过程。

游戏设计时的难度最难把握，但最重要。现在各个城市都有“密室逃脱”的线下游戏，一起组队的队友必须借助细致的观察和缜密的分析，去获取线索，再通过线索解锁当前秘密。这种游戏的难度是比较大的，因为规则界定模糊，只能靠自己的思考摸索去尝试需要哪些道具、哪些元素去解决当前遇到的问题。但由于这是一个持续寻找线索、持续思考、持续解谜的过程，因此游戏本身是非常吸引玩家参与的。

当然，这种设计你也可以放进产品中。借助双 11、双 12 等敏感日期来做活动，把你的产品做成解谜游戏。**我认为如果有一个智慧的设计，这种趣味性的功能将会颠覆现在枯燥乏味的点一点、摇一摇。你得有产品游戏化的观念。你的产品本身就是一款“游戏”，仅仅通过正常流程就能带给用户愉快的体验。但是很遗憾，目前基本上没有人注意产品游戏化这个范畴。大家都在拼了命地塞入硬广告和其他看似重要、却伤害用户的内容。**

想一想，既然我们那么在乎用户的留存，为什么还要与用户对抗呢？

㉒ 金木水火土

五行理论源于自然元素的组合，现今我们多会把这套理论应用于哲学、医学、占卜等方面。

既然它源于自然，那么肯定是离不开实际生活的。土能挡水，水能灭火，火能炼金，金能劈木，木能立于土。土怕什么？土怕木；而木怕什么？木怕金；所以，土生金。金能替土把木给灭了。木怕什么？木怕金；而金怕什么？金怕火；所以，木生火。火能替木把金给烧了。按照这个逻辑，五行的相生相克如下图所示：

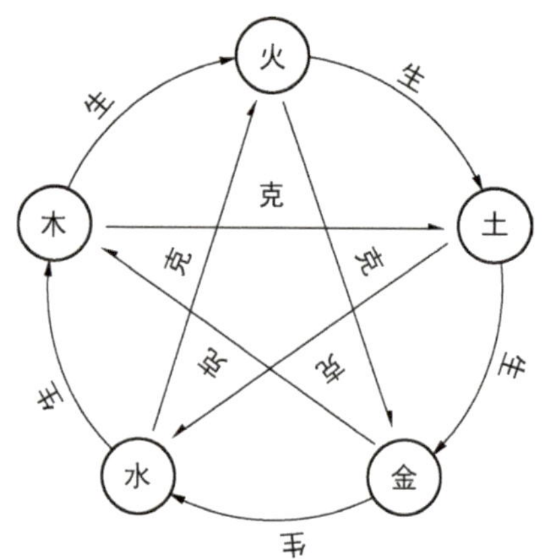

在中医学中，火即心，土即脾，金即肺，水即肾，木即肝。四季分别为春木、夏火、秋金、冬水。举个例子，夏天的时候，太阳直射让人很难受，需要不停地喝水去消暑，但不是要靠这种方法，达到“水克火”的目的。重要的是要吃些养心的食物，因为心属火，以达到心不为火而燥。不过更明智的人，会在前一年的冬天，就开始注意肾的保养，因为肾属水，水克火，肾提前保养好对来年的夏暑是很有帮助的，这也是为什么老话说“夏病冬治”。当然，还有句父母经常在耳边提起的话，“心静自然凉”。

庄子哲学中，也有类似于“风怕墙、堤怕蝼蚁”的表述。接下来又要说到《仙剑奇侠传》了。游戏角色的各种招式属性不同，可以对应解决不同属性的怪物。如果游戏中的怪物是属水的，那么你再用水属性的法术去打它，反而会给它加血；用风系、火系、雷系的法术，伤害值很少；而当你使用土系法术打这个怪物的时候，伤害会倍增。相信大家在游戏中遇到属性相克的问题时，都会深有同感吧！

借助五行理论，理解的是万物相生相克的自然法则，在此基础上进一步分析，我们的用户是否需要这样的属性分配？**当然，并不是直接使用金木水火土的属性，而是利用一物降一物、一物生一物的规则。**你可以给用户分配“萝莉”“御姐”“女王”“鲜肉”“大叔”“王子”这些属性。具有“萝莉”属性的用户，与“大叔”属性的用户合作完成任务，会得到更多的奖励，而跟“鲜肉”一起，则会面临倒扣奖励的风险。因为“萝莉”爱“大叔”，却没那么爱“鲜肉”嘛。

我是倾向于把产品做成属性相生相克的，甚至可以做一个平台。我们不做应用宝这样的“超市”，我们做评价，做产品属性：到底你平时使用的那些应用，是属风的还是属火的，然后平台提示你，现在你的手机上已经安装了多少火属性、水属性的应用了，你的“火”应用太多注意来点“水”应用保持平衡。

互联网行业嘛，娱乐精神一定是要有的——多少人看到这儿猜到了我的真实目的……好了，就此打住，希望相生相克可以给你的用户带来不一样的爽快体验。

㉓ 七类通用情感

细究人类的情感变化及表现，是一件非常复杂且不易把控的事儿。但排除特定场景的情况，通常人类有七种情感是世界公认的：快乐、悲伤、蔑视、恐惧、厌恶、惊讶、愤怒。

这些情感，可以通过表情来传达一个人对另一个人或事物的真实态度。

QQ 聊天里的拟人化表情堪称经典。用户之间不需要太多对话，发个表情过去，对方就知道你想要表达的意思。

表情在游戏里应用得更加普遍。在《英雄联盟》中，每个英雄都有动态的表情可以输出：按住 Ctrl 键 +1 或 2 或 3，可以使英雄跳舞，这种动态表情更多的是“快乐”和“蔑视”的表达。再进一步，你的对手在你被 KO 的“尸体”旁跳舞，你难道不会把这件事放在心里吗？被对手干掉已经是件不可容忍的事了，他竟然还在我“挂掉”的地方跳舞挑衅！看出腾讯的厉害了吧，让游戏玩家双方互相激怒，互相争斗，暗示玩家“杀出一片超神的尖叫声”，以此作为继续玩下去的理由。说到网络游戏，我倒不认为是腾讯害了人，问题还是多数人自己控制力不够，自己把自己给害了。作为准熟产业，网络游戏中的玩家体系、道具体系、规则体系等设计，是非常值得互联网产品认真揣摩和学习的。

作为社区类产品的西祠胡同，也需要“熊猫”来简化用户对于情感的表达诉求。

在传达真实情感的同时，我们也需要考虑到对方对于这些表情会做怎样的回应。因为对方的回应才是关键，如果没有回应没有互动，那么产品一定是失败的。

因此我认为，在产品提供给用户表达通用情感的方式多样化的基础上，需要更强调目标用户的反馈的设计。反馈要及时、真实、有力。举个例子，有多少人还记得哆啦 a 梦有个道具，叫吸收怨气？把你的不爽发泄出来，会得到钱作为奖励回报。你的用户在使用产品时，被他的好友“扔了块烂泥”，这种负面的行为，你可以定义为是“怨气”，那么获得怨气的用户，可以积累他从四面八方来的负面信息，积攒到一定值，可以“报复”或者兑换你提供的各种奖励。

总的来说，是把一位用户的情感输出，作为另一位用户的奖惩条件的输入。那么媒介，或者说方式，可以是以上说的表情，也可以是文字，更可以是一段曲子歌词。

24 斯金纳箱

老鼠和奖励的故事，其实是一项关于实验目标获取食物的实验——即斯金纳箱，这是一项非常有应用价值的实验，实验方式如下，

① 老鼠每次按下开关，就给它食物作为奖励。

② 老鼠每 N 次按下开关，就给它食物作为奖励。

③ 老鼠每隔 M 分钟后，首次按下开关时给它食物作为奖励。

④ 老鼠每第 N 次（N 随机）按下开关，就给它食物作为奖励。

⑤ 老鼠每隔 M 分钟（M 随机）按下开关，就给它食物作为奖励。

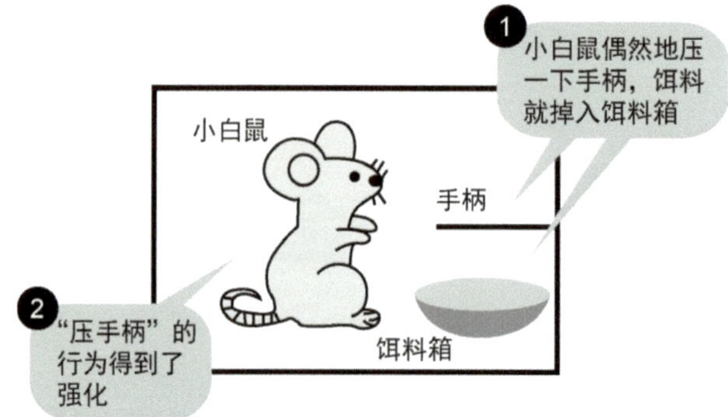

实验结果认为，最好的奖励周期是随机变化的。这也就很好理解，为什么每天网咖都有那么多人，天天坐着刷怪——他们想通过杀死更多的怪来提高获取值钱装备的概率，但是他们并不知道自己将会杀死多少怪，会在什么时候得到值钱的装备，所以他们就一直在“按开关”。

这种随机的奖励方式如果稍作变换，从一开始就给用户一定“高度”，让他们感觉到离目标奖励很接近，那么用户就更有兴趣去努力完成目标。

我们在设计产品时，应考虑到与之相关的奶茶效应。每当你去买奶茶时，奶茶店的店员会给你一张积分卡，每次买一杯奶茶可以盖一次章，集满 10 个章便可以免费喝一杯奶茶。那么现在有两张卡，第一张是 10 个空白的盖印章处，第二张是 12 个盖印章处，但是前面两个已经盖好了章。言下之意，两张卡都

需要集齐 10 杯才可以兑换。但实际上，拿到第二张积分卡的客户会更早地完成集满 10 个印章的目标。

所以，尽可能地使用可实现的、近在眼前的目标奖励作为强化手段来刺激用户的行为。现今很多产品都掌握了这样的设计方法：每日签到、分享加分、购买返券等。如果加一点“随机奖励”，效果应该会更好。用户是人，人都喜欢意外的惊喜。另外，说到返券，一定要让用户有“多买就会多得”的印象，同时又让用户摸不清，买了一件商品后，到底会返多少元的抵用券。最近“小红书”在这一点上做得很好，薯券也许只值 10 ～ 20 元，但消费抵用后，商品的价格确实比其他平台有优势。

用户不来和你玩，一方面是他们得不到什么好处，另一方面，是他们看不见应该属于他们的好处何时才能落袋为安。

25 稳定的社会关系网

我以前听说过“250个人”的人际关系理论，即你对一个人好或坏，将会间接地起到讨好或得罪其他250人的作用——因为每个人的背后差不多有250个人的人际关系网。但自从了解到邓巴的“150人定律”后，我认为这150人的理论更具有实际操作的意义，即一个人一般能够与之保持稳定关系的人数在150人。

250和150的区别在于“稳定”。**稳定的好处在于人们之间互相了解，可以互相帮助，可以互相从中受益；稳定的人际关系圈更利于人们开展社交活动。虽然是稳定的关系，但也存在着弱关系和强关系。**举个简单的例子，你在学校读书的时候，是不是跟所有的同学关系都很好？未必吧。那么你跟所有同学的关系是稳定的，但是总有跟你关系好的，也总有跟你关系一般的。这就是强关系和弱关系的表现。如果有一天，你们班跟其他班级进行拔河比赛，赢的班级每个人可以获得一本笔记本。因为你们是同班同学，所以互相了解；比赛虽然困难重重，但是你们可以互相帮助，赢了比赛之后每人都能获得奖励，这就是互相受益的表现。所以不管你们的关系是强关系或者是弱关系，都可以称之为“稳定的关系”。

这种稳定的关系又可以结合六度分割理论（你和任何人之间只隔了5个人）来看，比如有可能你的朋友或同学很好奇，为什么对方会认识你。这样的事情在我个人身上发生过很多次。

① 我的高中同学是我夫人的高中同学的大学同学。

② 我社区小伙伴的小伙伴是我初中隔壁班的同年级校友。

③ 我高中的同桌是我社区小伙伴的初中同学。

所以，稳定关系（诸如同学、朋友、家人）会让你产生“大家好像都认识我，他们好像也互相认识”的感觉。

社交的玩法可主动，可被动，比如你的稳定关系之一主动给你留言或者评论，或者他要求你给他的朋友圈点赞以集齐多少个赞兑换奖品；同时，也有竞争，也有合作，比如今天的健康排行榜上他的步数比你多，你会想着拿起手机下楼多走几步超过他，又或者他买了某件商品，平台返回给他红包，他把红包分享发给你。一般好的游戏设计，会采用这样的正反馈和负反馈来循环影响用户的行为。

无论用户接收到的反馈是好或是坏，要让用户产生“不要错过了‘稳定关系’带给他们的‘乐与痛’”的体验。用户在不同的稳定关系群里所扮演的角色也不同。他是大蓝鲸公司的员工，他是做美工的师傅，他是小小社区的居民，他是蓝航大学的本科生……

所以，在产品中你尽可能多地获得用户的角色分类。脉脉这款产品在这方面做的比其他同行要细致：用户的公司，用户的职位，用户的毕业学校。每一个细分的维度都可以形成一个人脉圈。但脉脉的用户接触更多的是陌生朋友，再加上广告的闯入，用户间的关系非常不稳定，想要沉淀成稳定关系比较麻烦。当然，如果脉脉想要简单地做成大的陌生人职业社交平台倒也无可厚非，但如果想通过平台使得用户地关系稳定，大家都能聊得上来，形成“无论如何撕扯也脱不了干系”的阶段，还需更多时日的投入与积累。

顺便说一句，为什么军人的战友情谊那么深厚？因为一起吃过苦，一起出生入死，有相同的刻骨铭心的经历。为什么高中的同学感情也那么好？因为上过高中的谁没被高考折磨过？那段经历应是一辈子也难忘的吧。

所以，“一起经历”“稳定的社会关系”，希望可以帮到大家做产品设计。

 公地悲剧与反公地悲剧

人们总是倾向于侵夺更多的资源。以前是水源、食物、人力；现在是金钱、住房、关系。要花钱的资源况且如此，能占到便宜的、免费的资源更是人们强取豪夺的对象。

公地悲剧的原意是指人们过度开发不属于自己的公共资源，导致公共资源过早枯竭。短期内参与的人确实可以从中获利，不过一旦公共资源枯竭，再回到自己的自留地进行开发时，早已不会是当初的心态和局面了，这种行为往往会自食恶果。

举个游戏方面的例子。大富翁是公地悲剧的经典案例。第一个出发的玩家会尽可能地获得更多的资源。这是固定回合制游戏无法回避的特点。但跑跑卡丁车这样的同步游戏同样存在公地悲剧，跑第一名的玩家会想着尽可能把前面的所有道具都吃掉，不管对自己是不是有利，这样至少会减少其他玩家的增益。这也是典型的浪费资源的表现。更有许多人打着合作的旗帜招摇撞骗，声称一起节约资源，其实暗地里自己哼哧哼哧地忙着开发本属于其他人的那块公共资源。

还有一种是反公地悲剧。人们都想平等地获取某项资源，但由于政策或规则或利益的原因，导致资源被浪费。生活中，房地产行业的繁荣导致很多城市都成了空城，有的人买了 10 多套房，自己不住也不出租，而有的人买不到房，只能租房住。当然，部分央企、国企也有这方面的通病。

那么，既然无法改变现实生活中的公地悲剧，何不试试在游戏和互联网产品的设计中平衡这样的不公呢？让遵守规则的人们不再居于被动的弱势位置，让你所创建的产品世界和谐公平。

“奖励遵守规则，严惩投机取巧”。游戏可以教育玩家，互联网产品同样可以教育用户——资源可以获取，但不能浪费；免费总是最贵的，脚踏实地最可贵。

27 换一个角度聊信息

关于信息的问题我们之前也讨论过，建议是利用更多的不完全信息来提供给用户额外的增值服务。这次我们从另外一个角度来梳理信息这个重要的名词。

完整信息：参与的玩家都知道一个大的游戏框架，能够接触到关于游戏环境和规则的所有信息，但是不知道对手玩家是一个什么样的状态。比如打掼蛋，大家都知道四个人摸的牌是 2 副牌里的 27 张牌。这就是完整但不完全信息的游戏。

不完整信息：参与的玩家无法知道对手的状态，无从计算。比如炉石传说，我们虽然知道对手有 4 张牌，但具体是哪一张牌，是我们无法像计算标准扑克牌一样得出一个概率结论的。再比如，4 人地图的魔兽争霸，每个人都知道有其他 3 个玩家，但地图信息是未知的，所以你的上家和下家是谁，他们是哪个种族，用的什么兵种组成的部队，你都不知道。

完整信息和不完整信息的区别，可以通过是否能计算出对方的手牌或者资源来判断。如果可以计算出概率，那就是完整信息，比如一副标准扑克 54 张牌，可以根据自己手上的牌和已打出来的牌计算出对手手上的剩余牌；如果无法计算出概率，根本无从知晓信息，那就是不完整的信息。

关于非自愿信息透明。玩家必须在一定条件下向其他玩家出示或者提供一张或几张牌给另一个玩家。继续说掼蛋，如果你上一次输了，那么又没有大小王抗贡，那就需要拿出你最大的牌贡献给对手。如果没有这个规则，你手上最大的单牌是保密的，但由于游戏中存在这条规则，所以即使你不愿意也必须遵守。

而自愿信息透明，玩家可以选择隐藏自己的身份，但也可以自己暴露自己的身份，以鼓励玩家虚张声势，或者扮演双重间谍。再说三国杀，反贼直接跳反，就是心甘情愿地透露自己的身份，以求其他隐藏反贼身份的同伙能一起快速地解决掉主公；还有一些高手玩家，自己的身份是内奸，也会假装跳反，来攻击一下主公，以扮演双重间谍，获得亦敌亦友的他方信任。

自愿或者不自愿透露自己的信息，这条思路完全可以应用于其他产品中。以用户设计为例。你在负责一款陌生人社交的产品时，可以设计一条规则，当非好友双方在动态里反复回复对方的评论达到 5 条时（双边 10 条），系统默认双方有话可聊，自动加为好友。当然了，你也可以让用户直接快速配对，就像非诚勿扰里女嘉宾爆灯一样。但那块遮羞布，即使是在双方自愿的情况下，也还是不要扯下了吧。

28 大五人格理论

设计，往往是为了迎合或创造用户的心理预期。如果我们利用心理学方面的理论加以指导设计的实践，效果会更好。把握用户的性格特点，对产品设计会更有针对性。九型人格理论相信大家一定听说或者使用过，类似于这种区分人的性格测试市面上也有很多。应用于设计方面，“大五人格理论”更适合入门级设计者作为参考理论。

外向性	开放性	宜人性	尽责性	神经质
热情	想象力	信任	能力	焦虑
乐群性	审美	坦诚	条理性	愤怒和敌意
独断性	感受丰富	利地	责任感	抑郁
活力	尝新	顺从	追求成就	自我意识
寻求刺激	思辨	谦逊	自律	冲动性
积极性绪	价值观	同理心	审慎	脆弱性

大五人格单从字面理解，是由五种人格组成的，分别是：外向性、开放性、宜人性、尽责性、神经质。这五种人格又各自有 6 种子特性，如上表所示。每个子特性的解释，大家如果有兴趣可以去网络上搜索问个明白。

该理论的提出者范登伯格就曾表示，游戏设计时可以充分利用 30 种子特性来“做文章”。比如外向性中的“乐群性”，即测试对象是否乐意处在群体状态。在该项测试中得分高的玩家，更喜欢与其他玩家一起打怪升级，形成“家庭圈”，因此为这类玩家提供更多群体性的选择方案会是个不错的主意；如果是得分低的玩家，会更偏向于单独行动，因此为这类玩家提供独自生存的独立打怪奖励会很受欢迎。当然，所有场景都需要综合在一起进行设计，这样既满足了 A 类玩家也满足了 B 类玩家，在双方出现“乐群”性质变化的时候，我们不至于失去任何一类玩家。

人格在不同条件反射下，具有多样变化的特点。虽然平时你所见到的邻居可能是个其貌不扬、好色闲逛的混混，但是一旦遇到危急事件（触发条件），或许他也会展现出你所不曾见识过的英雄人格。而人们通常喜欢在游戏里表达他们在实际生活中未能表现出来的人格特点。

互联网产品亦是如此。**你需要通过产品告诉你的用户，不必为了某些片面场景就去否定一个人。片面场景也许只是对方实际人格中微不足道的一项人格而**

已。当然，你也可以做个测试，去陌陌或者微信申请一个女号，放上“某个女生”的照片，看看平时的谦谦君子是否会让你瞠目结舌？你或许会困惑哪一面才是真的那个他？是那个温润如玉的公子，还是那个巧言令色的小人？其实都是他，只是不同的场景刺激了不同的人格出场而已。

所以我认为做产品，很有必要去做两件事：一是引导自己的用户潜移默化地接收人格方面的知识，这是为了防止其他用户的片面人格导致你失去部分用户，你仅仅提供一个投诉渠道是解决不了用户与用户之间的矛盾的。二是把人格知识应用到你的产品设计中去，尽可能全面地满足各种人格在不同场景下的需要——即使这种需要包含了积极与消极、好与坏、美与丑。

记住，你要做对的事。产品满足用户，这是必须要做的对的事情。关于法律，丢给法律顾问解决吧；关于道德，丢给社会评判吧。你只负责设计。

29 奉献者的困境

在群体博弈中，“奉献者”是一个特殊的例子。常见的博弈，人人都需要理性自利，而在奉献者困境中，则需要牺牲一个人或少部分人的利益，来维护大部分集体的利益。如果没有人站出来扮演奉献者的角色，那么在这种困境中，集体的利益就会面临非常严重的损害。

利益包括时间、金钱、情感，甚至是生命。不同的困境下，每位参与者所扮演奉献者的意愿是不一样的。比如，你家小区突然停水了，得有人打电话找自来水公司派人来维修。这时候大家都面临的困境是没有水用。谁会扮演奉献者，耗费自己的利益（电话费、电量、时间）来打这个电话？这里有两种选择，一是自己来做奉献者，二是相信别人会做奉献者。相信很多人认为停水对自己的危害并不大，便会选择让别人来打这个电话吧。我们再换个说法，你家小区附近突然有很浓烈的煤气味，而且覆盖面积很广，这时候我相信很多人会选择立刻打电话求助——因为这涉及安全隐患，如果发生爆炸可能会影响到自身的生命安全，这与停水的困境相比，损害性简直不可想象，所以这时候自己反而会担心没人打预警求助电话，更多的人会自觉扮演奉献者的角色。

实际上，在游戏设计时，我们可以预设奉献者的角色——只要存在困境的博弈，就一定会有奉献者出现。因为为了克服困境，没有人会选择坐以待毙。在团队游戏中，通常会有奉献者的角色让玩家选择。比如，LOL 里的坦克，为了集体的胜利，在团战的时候为团队做“肉盾”；CS 中的“猎物”角色，为吸引对方的火力而冒着“生命危险”独自行动，以此暴露对手，让己方其他玩家能够全歼对手。

我们所打造的产品：第一，要制造“困境”给用户，并预留“奉献者”角色；第二，要让用户感知得到，面临的困境会对自己产生利益损害，需要与困境中其他的用户共同解决；第三，给予“奉献者”角色特殊的奖励，引导用户敢于承担责任。

比如某个困境是这样的。今天的“每日任务”需要 5 个不同属性的用户组成团队一起来完成，并且需要某个用户扣除 100 积分作为任务开启的条件，任务奖励为 ×× 勋章，扣除积分的用户不参与任务奖励的分配，但可以获得“乐于奉献、助人为乐”的特殊标签，标签值可以累加——标签值的排行榜会告诉所有玩家，谁获得的特殊荣誉是最多的。

当玩家乐于奉献的精神被其他人称颂的时候，他还会为做一个“奉献者”而感觉不值吗？无论是做产品还是混社会，我们都需要“奉献者”这样的角色存在。

30 二八定律

二八定律可谓家喻户晓。它也称为帕累托法则，但需要与之前讨论过的“帕累托最优”分开理解，因为这是两个概念。“20% 的人掌握了 80% 的财富”；“20% 的人买时间，80% 的人卖时间”；“20% 的人重视经验，80% 的人重视学历”；“20% 的人有目标，80% 的人爱瞎想”……

这个法则应用到游戏中更加显而易见。80% 的游戏体验时间只集中在 20% 的功能上。比如《QQ 幻想》，玩家把大部分的时间都集中在人物行走和打怪上，而更多的游戏功能，诸如交易、装备、交流只花很少时间。统计功能使用时间，对于游戏的迭代非常有帮助。游戏开发商可以观察玩家喜欢或不得不把时间耗费在哪一些功能点上，从而有目标地优化游戏。比如在游戏中，提高人物行走的速度、玩家打怪时得以更高概率地爆出宝贝——强化这些功能点，可以让玩家体验上升一个层次。

回到产品设计上。为什么你做了多次优化，用户却依然对你的产品抱怨不止呢？或许你应该看一看产品功能点的热力图了。

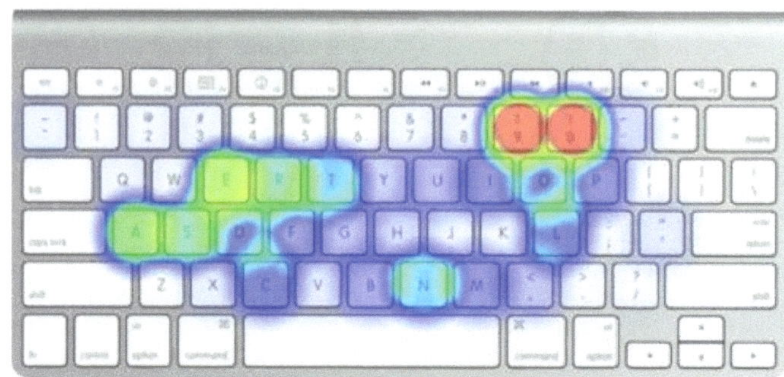

这是某个人使用键盘的热力图。9 和 0 使用的次数最多。如果我们要给这位用户定制化服务，我们就可以针对性地提高 9 和 0 这两个按键的可用性和舒适度。

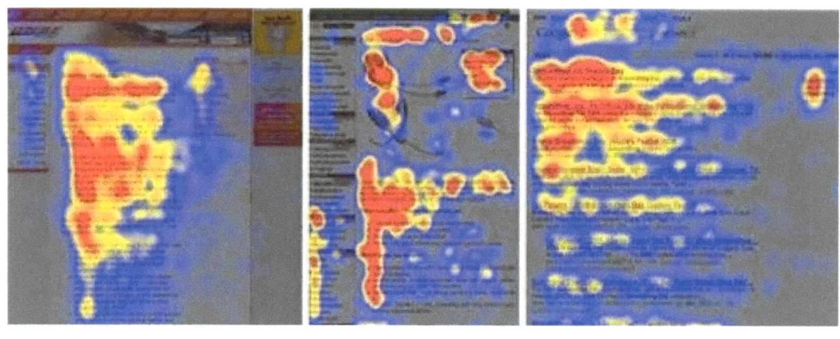

再看某网站通过 Google Analytics 分析的他们用户的使用行为，不难发现重要的区域在哪里。所以要根据数据图表来做有目的的优化。

二八法则，我们通常看到的只有 20% 的那部分，但其实充分利用好剩下的 80% 更重要。因为这 80%，被认为是对二八法则彻底的颠覆——谁说 80% 的部分不能产生更多的价值，想想长尾理论吧。总之，请先服侍好用户那 20% 的需要，再细细琢磨剩余的 80% 如何转化吧！

31 头脑风暴

俗话都说，三个臭皮匠赛过一个诸葛亮——这表现出集体智慧的能量相当巨大。我想说的是，如果真地赛过了诸葛亮，那一定是用了头脑风暴法。

这种方法最大限度地获取所有参与者的思路和智慧，在实际工作中我也经常使用。玩法很简单，直白地说，确定一个话题，找一群人（可以是跟主题毫无关系的人），一起聊聊这个话题，当然，不需要聊出什么结论，时间多少无所谓，自己控制即可。用 Mindmanager 也好，纸笔也行，记录下来。有若干点原则还是需要说明一下：禁止批评别人；集中目标话题，提出的想法越多越好；参与人员必须平等，每一条想法必须记录下来，哪怕很荒诞；独立思考，独立发言；不得强调谁提的多，谁提的好。

同时，我认为头脑风暴，还可以分为正向和反向的玩法。正向的，如上面所说，大家集思广益，把想法统统全部倒出来，最后再讨论提议的价值性；反向的，史玉柱比较有经验，“项目的失败是我的错，请各位把我错的地方全部指出来”“我提一点想法，你们一起来批判我”。

头脑风暴“卷”出来的提议内容最好结构化，否则内容很零散，不利于后期的分析和使用。只有把一条条零散的信息，采用流程图或者树形图，完美地衔接起来——结构化之后，这些信息才具有使用价值。

当你在头脑风暴某项业务逻辑的时候，流程图会给你很大的帮助；而你需要细分业务内容时，树形的分支会防止你遗漏重要信息。同样，技术问题、经济问题、项目问题，甚至是你晚上买什么菜，做什么口味的晚饭，这种方法都适用。

那么在产品设计里，怎样让你的用户来把风暴玩玩？我认为既然是集大智慧，让用户一起替你想想如何优化产品，是比较有价值的——同时也不要忘了，还可以来个反向的玩法。比如发布一个话题，看谁喷得最有道理或者参与度最高。“无秘”这款应用，便是这样操作的。

做产品管理，要玩好风暴大法，潜在需求那都是“一阵阵风暴给吹来的”。

32 梯队用户

无论是网游或是手游，发展至今都在采用“入门免费，业务增值”的商业模式。记得在这个模式刚开始推行的时候，大部分业内人士都心存质疑：玩家不花钱的游戏该怎么赚钱，谁会那么傻地还另外买道具买服务呢，游戏开发商是疯了吧？但现今，这种模式已被行业奉为圭臬。我印象最深的，是史玉柱的《征途》，采用的就是 F2P（免费增值，Free—To—Play）模式。

在此我们要引入“梯型用户”的概念，进一步细分用户。

第一梯队的用户数量最多，他们不能接受“玩个游戏竟然还要花钱”，再好玩的游戏他们也不会掏钱。

第二梯队的用户数量次之，他们只能接受“玩个游戏花 1 元钱试试看，说不定能有高回报”。

第三梯队的用户喜欢这款游戏，他们愿意花 30 元来玩这款游戏。

第四梯队的用户非常喜欢这款游戏，让他们花费 100 元也愿意。

第五梯队的用户简直是发烧友，他们会凑足了 500 元来畅玩这款游戏。

（插一句：还记得之前说过的二八法则吗？游戏开发商 80% 的收入来自于 20% 的付费用户。一方面游戏开发商要维护好这 20% 付费用户的客情关系，另一方面要发挥长尾理论的剩余 80% 的人群——虽然目前只贡献了 20% 的收入，但因体量大，转化率一旦提高将潜力无限）

如果你的游戏采用了 F2P 的模式，以上五个梯队的用户，你都可以吸引过来；如果你的游戏采用了先付费、再玩耍的商业模式，至少第一、第二梯队的用户就不会参与进来了；甚至第三、第四梯队的用户也会失去——谁会把自己开发的游戏定价过低呢？

如果把你的游戏看成是个大超市，你的用户可以免费来逛，也可以选择 1 元的、30 元的、100 元的、500 元的商品——只要你的游戏能导入足够多的流量，还担心付费转化率的问题吗？

有的玩家会买月卡，有的玩家会买季卡。更多的选择可以满足更多玩家的需求。

那么产品设计呢？**会员服务分为普通用户、VIP 和 SVIP，这就是在细分用户群；基本功能和衍生付费功能，也是在细分用户群。所以我认为，在提供给用户免费使用的基础上，有必要审慎地拆分计费点、细化业务内容、细分用户群。**

我们无法准确把握用户的性格和脾性，但至少我们需要知道，他们共分为多少类别，又分别来自于哪一类别。

33 核心循环机制

因为享受，所以会上瘾，因为上瘾，所以会重复享受。小孩子会反复喊你几十遍，也许只因为他们很享受这种被回应的感觉——每次一喊你，你马上就会回应他。

所谓核心的循环机制，是指玩家与系统在交互的过程中，不断地重复某个动作，不断地循环某个过程，即“动作输入—系统输出反馈——玩家再次驱动输入——系统引导玩家重复”。设计核心循环机制的技巧在于提炼出具体的动词。比如超级马里奥的核心循环就是“跑动”和“跳跃”。虽然中间穿插了其他动作，比如吃了花花能发子弹、能把敌人踩死、能把墙砖顶破，但核心的动作还是“跑动”和“跳跃”。

当然，还有的游戏在核心循环的基础上设计出了一个大循环。比如《杀戮空间》。这款游戏的核心循环动作是“射击”。每一阶段要干掉 30 个敌人，阶段结束后玩家有 1 分 30 秒的时间去商店进行补给，然后接着面临下一阶段更强大的敌人的攻击。但无论是哪个阶段，都要完成对敌人进行“射击”的核心动作。

上面的两个例子，要“控制跑动”（跑快还是跑慢）、“控制跳跃”（高跳还是矮跳）、“控制射击”（射偏还是射中）。在其他例子中，我们还可以“控制飞翔”（飞高还是飞矮），比如 flappy bird ；还可以“控制造桥”（长点还是短点），比如 stick hero。

那么我们在设计核心循环机制时要注意几点：

首先，要能让玩家轻松理解你的用意。比如 stick hero 的“桥”，玩家玩一次就会知道要控制好“按下—松开”的时间，“桥”生成合适的长度才能让游戏角色顺利通过。

其次，要操作简便。继续“桥”的话题，玩家一直长按手机屏幕，桥会越来越长，一旦松开才能“造好这座桥”，如果是非常复杂的操作玩法，在“动作输入”这个环节就会出现复杂的、难以逾越的困难了。

再次，能够适应不同场景并且支持扩展性。要支持结合其他额外的动作——马里奥不但可以跳跃，还可以在吃完花之后，边跳边发子弹。

最后，玩家能从循环中获得享受——这句看似是废话，却是整个机制的关键。

回到产品管理。很显然，“摇一摇”是互联网产品里一种核心循环的功能。核心动作是“摇”。**用户晃动手机—匹配用户—查看信息—发信息或者再摇。这个循环过程，即是我们上面说的“动作输入—输出反馈—玩家再次驱动—系统引导玩家重复”。**整个功能，仅需几秒便可以完成。其实“摇”也只是个噱头，采用“摇”的动作输出，结合了“随机窥探其他用户信息”的反馈结果，才会让“摇”的用户从中获得享受。核心循环关键其实是“随机窥探其他用户信息”。

因此，输出给用户的反馈结果一定要有趣、有价值，同时再结合某个具体动作的设计，形成产品核心循环功能，这样才能在用户体验上获得用户认可。

重复不再是贬义词，让用户在重复中获得乐趣，在重复中获得成就感，在重复中乐此不疲，必须是每一个产品人的坚定目标。

定义问题即定义需求

撇开游戏设计、产品设计不谈，在生活中、工作中、学习中你会遇到各式各样的问题，但有一点我们得承认——这些问题用什么方法来解决、解决的效果如何，完全取决于我们是如何定义这些问题的。**问题加上解决方案构成了需求。所以发现问题、定义问题并且附上解决方案即是解决需求的过程。**

让我们采用 **SMART 原则**来定义问题：**具体的、可衡量的、可达到的、具有相关性的、有时限的。**

每一个问题都有一个焦点，应该是具体的。比如你这次要解决的问题是“我们该如何在地图的东南角区域建立一个带有每秒恢复 10 个单位蓝和红 BUFF 的野区新怪？”而不是简单的“我们要设计加入个新的野怪让玩家获得更多体验”。如果按照这种简单的定义，根本无法衡量，也没有一个清晰的目标起点。与其提出“我们要如何改革卡牌游戏的机制”，倒不如将问题的定义范围缩小为“我们要如何做出一个带有故事模式及支持卡牌拆分、锻造的卡牌游戏”。

做产品时更要明确需求的范围。要防止需求不清，更要防止需求蔓延。我个人认为，最好的需求管理办法就是 SMART 原则，鉴于我的产品经理课程中已涉及，在此不再赘述。

㉟ 团队协作

一款惊艳产品，绝非是一人所能够创造的，必定是一个团队的辛勤劳作的结果。项目组一般会有设计师、产品人员、技术人员、测试人员、运营人员、市场人员等，每个人在各自岗位上发挥作用，才使项目正常运转的。

当然，不可能保证团队里的每个人都是自己所属领域的专家，即使他们可以恰到好处地使用自己的能力投入产品的开发运营中，且与其他人配合地天衣无缝，达到最优配置状态，那也是需要有个角色将各岗位的能力输出串联起来，形成有效的生产力的。

团队中每位成员的风格越多样化，团队开发出来的产品会表现地越独特、越具有个性和魅力。不过同时也会出现一个问题，大家都各有独立的意见和想法，会不会很容易开发出一个四不像或者是东拼西凑的产品出来？所以，亟需有个角色，传达并灌输共同的业务目标给项目组各成员。

比如产品的目标是“获得偏爱快时尚、高品质的 20 岁年轻人的青睐”，那么设计师就要考虑色彩尽量要活泼，比如橙色、黄色；产品和开发更多要考虑商品接口刷新时间和数据返回数量；运营需要尽可能使用新媒体来做推广和活动，契合年轻人的行为习惯。正所谓“八仙过海各显神通”——各自显神通的目的是为了“过这个海”。

再看一个例子。《灌篮高手》里的赤木（领袖与稳重）、三井（智慧与经验）、宫城（敏捷与观察）、流川（冷静与能力）、樱木（爆发与激情），在与山王工业的比赛中，都充分发挥了各自的实力，而这一场比赛是他们通力合作的"产品"。但也不能忽略，起了重要作用的是安西教练——这个角色激发了团队的所有成员，并将他们的能力串联起来，形成更强大的力量。

让一个成熟的团队领导者带领一个多样化的团队，研发一款别具匠心的产品吧。正如那部电影名称一样——一个都不能少。

㊱ 提示说明

游戏里“提示说明”的重要程度堪比游戏里的人物设定。比如，你要交代一款游戏的背景，其实并不需要浓重的笔墨来说明它发生在清朝，只需要在游戏画面中出现几个长辫子的人物即可，**即根据元素特点来让玩家自己领悟信息。提示说明非常忌讳大段的文字或者过长的动画。**

再举个例子。游戏的墙上看见了符咒玩家就会明白这个场景会有僵尸出没，NPC的房间里有大量鸦片这条信息或许在后面的情节中会派上用场等。在设计游戏时，界面里的各种环境要让用户清楚“自己可以凭靠这些信息做些什么”。

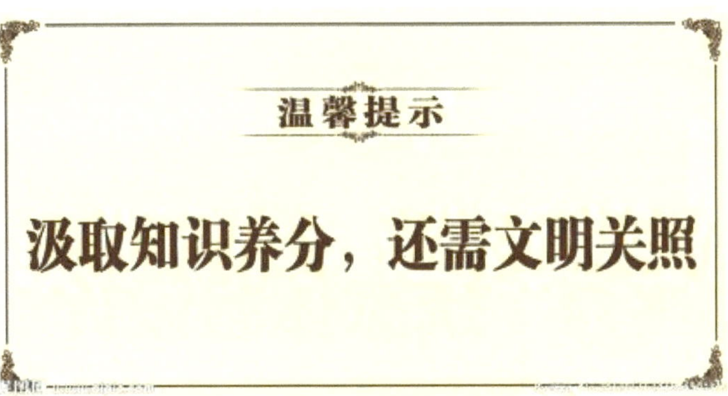

互联网产品中的提示说明，更不需要太过僵化。比如客服方面，可以在页面右侧提供一个可以叠起的一键入口，固定在浏览器或者界面上，用户有不明白的操作或者其他咨询可以直接通过语音进行询问，客服在上班时间接到问题后可以第一时间进行解答——产品团队都在身边，客服效率可以提高。有人会说如果问问题的用户太多怎么办。可以将问题集中在一个池子里，客服按照时间顺序领取问题进行解答。同时客户端展示给用户还剩多少条轮到自己的问题。

我个人是比较不认同自助型客服的。用户有问题了常常找不到人解决，得花上很长时间自己研究如何解决问题，耗时又耗力，我认为这是不尊重用户的表现。

建议大家在设计产品时，多多运用情景提示说明，让用户一眼就能看明白“这是干什么的”，并且能够第一时间反馈给用户结果。

37 玩家体验设计

在整个游戏的设计中，玩家的体验设计体现了团队的综合实力。相较于产品的用户体验，游戏玩家的体验也不仅仅取决于游戏内容和流程上的设计。从游戏的 LOGO、花花草草这些看似不重要的画面元素，到宣传播放的 CG 动画，再到商店购买时金币减少的效果，这些都决定了游戏的玩家体验是舒适的还是糟糕的。

我们通过用户体验设计来分析一下玩家的体验。从战略层、范围层、结构层、框架层、表现层简单分析，战略层关注游戏的战略目标；范围层、结构层、框架层、表现层，是最直观呈现给玩家的层面。范围层关注游戏的内容、功能设计——功能是否符合游戏特点、游戏规则是否平衡、游戏内容是否丰富有趣，等等。结构层关注游戏的交互设计——玩家买卖装备时商店的反馈如何；玩家与其他玩家对话时，系统反馈是否友好；出错提示是否友好和有效，等等。框架层关注游戏的界面、导航、信息设计——游戏中的玩家导航是否清晰，信息的输出是否及时，等等。表现层关注视觉设计——色彩的搭配与动画效果，华丽或清新的风格，玩家输出技能后是否够炫，服装皮肤的展示，等等。

再以 LOL 为例。游戏中，对方角色的血条快速减少和杀人后弹出的金币奖励、杀人提示，最能刺激玩家继续投入游戏。要达到这样的场景，就要有功能支持——你所控制英雄的技能，交互支持——你的技能输出导致对方的血条减少，信息支持——血条和金币的反馈，视觉支持——血条减少的速度是有延时性的、金币出现的视觉冲击。

游戏现已经成为一种潮流文化。与其说玩家是为了游戏消费，不如认为，人们是在为一种文化消费，为一种信仰消费。LOL 已经不再仅仅是一款单独的游戏产品，它已经涉及多个产业，如 Cosplay、服装、漫画、动画视频、直播、电竞等。一款游戏带动多个产业，形成了产业链。

我们做产品的，一定要把自己的产品品牌升华成图腾文化，切不可丢了产品的魂！之前出现过一款叫做“那么”的草根产品，具备了社区产品属性，继而又拓展了电商服务，卖自己品牌“那么”的周边商品。虽然这种程度的融合还远远不及产业链的升华，但产品“周边多元化衍生”的思路是值得肯定的。

其实从某个角度来说，我是反对“垂直化”的——**因为世界都是多元的，用户是多样的。产品的商务模式应该更加开放，更加融合。**

38 心流理论

心流状态是指某个人完全沉浸在某件事务中时的心理状态。比如作家在涌现写作灵感的时候，不间断地写作，有可能过了数个小时“自己还不感觉不到”，感叹时间竟过得这么快。一般需要认真专注的活动都会使人投入地忘了时间。比如棋类活动、球类活动、玩游戏或者编程等。时间变得膨胀，因为这些活动本身吸引了人们所有的注意力。

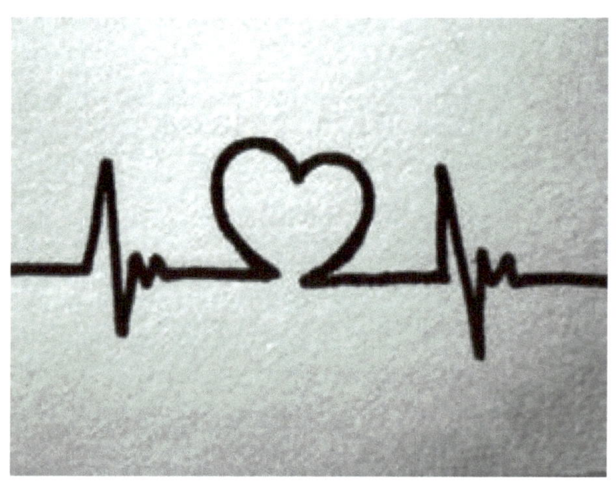

相信大家都有过类似经历。玩 Dota 或者 LOL，时间过得简直太快，一局玩下来，轻松度过一小时，但对于惜时如金却又想玩游戏的人来说，简直抓狂。或许你喜欢逛街，即使走了很久的路，脚也不会疼；或许你喜欢读小说，书中情节的波澜起伏深深地吸引着你。

以上都属于心流体验。不过，心流体验要有两个激活条件：①关注度集中在某一个点上；②难度与个人的技能水平相匹配。如果你的脚前几天崴了，还会达到逛街的心流体验吗？如果你读的是英文书籍，单词都要逐个查找，还会达到读书的心流体验吗？

所以，心流体验应用到游戏里，就不能简简单单地设计成“某一个点”了，而是要有阶段、层次概念。这种概念体现在新手引导和入门关卡、技能等级机制等方面。这些都在为玩家后期的心流体验做准备——引导玩家熟悉游戏内容和规则并训练玩家在游戏中的操作技能，这是非常重要的，却往往也是被设计者忽略的。玩家不可能一开始就熟悉游戏内容或具备游戏操作技能（除非他有过之前类似游戏的经验），所以太复杂的操作或内容会造成玩家满满的挫败感。同样，操作太简单、游戏内容太单调也不行，要让玩家的心理在“挫败与胜利”之间来回摆动，不至于偏向任何一方面而导致玩家放弃游戏。这就是要符合“难度与玩家技能水平相匹配”的条件了。

比如，在玩家掌握了“1 级”技能的时候，应让玩家去征服“1.1”或“1.2”级的困难，当然会出现挫败的机会，不过我们也会让玩家尝到成功的甜头，不是吗？同时，游戏中的各种体验在玩家产生挫败的时候就显得尤为重要了，丰富的奖励、优美的画面、流畅的交互是支撑玩家继续玩下去的最好的理由。

同样的道理，产品也适用心流体验的设计。你的用户刚注册时，你有义务教会他们如何使用你的产品。面对面的落地支撑最好，如果没有条件，就录个小视频吧。这是第一步，告诉用户，你产品的内容和目标、功能及使用规则。第二步，给予他们产品操作方面的奖励，同时做个测验题玩玩，看看用户对于回答产品相关的问题是否有兴趣以及接受产品教育的程度如何，当然这些都是要给予用户奖励的。第三步，尽可能引导用户进入使用产品的心流状态中去——**哪一个是你产品的核心业务点、核心竞争力，就痛快地拿出来，去大胆地吸引用户。**

39 四种创造力的方式

通过对迪特里希理论的了解，我们知道某些创造力是可以被模仿和学习的。在这个理论里，创造力被分为 4 种。

① 本能认知型：暂时停止思考，不要求掌握某些领域知识，出于本能的认知输出。比如，你正在思考产品的 404 页面，但是你想了好几天，也并不能给出一个比较好的解决办法。这时你打算暂时就把这个烦人的事务搁在一边吧，跟朋友一起去吃个午饭。在用完午餐乘电梯的时候，你突然灵光一现，有了一个非常奇妙的思路，所有问题都迎刃而解。

② 思考认知型：要求掌握某些领域知识，通过思考输出创造力。比如，你的产品需要增加一项个性化推荐功能。你不断地尝试各种设计方法，不断地部署上线，不断地获取用户的反馈，最后你拍板决定使用图文的样式作为前台的展示方式。

③ 本能情感型：无需特定知识，出于本能的情感输出，也可能会与想象力有关。比如，你以前有没有过顿悟的经历？或者你爱好绘画，当你作画的时候，本能的想象力会带着你画出一幅创造性的作品。艺术家（写作、绘画、音乐等）通常需要这种创造力升华自己的实力。顺便说一句，这种类型的创造力是非常强大的。

④ 思考情感型：结合感情的输出，进行主观思考，而得出的创造力，与心理、心态有关。比如，你失恋了。一开始你会陷入无尽的遗憾和悲伤中不能自拔，但随着时间的推移，你会想到自己曾经是多么不顺，但至少还有家人、朋友的支持陪伴。所以，你会选择做一个坚强的人。然后你的决定使你的生活恢复正轨。

《纪念碑谷》是一款“结合了故事情节、强调美术和交互”的经典手游。这款游戏本身就属于具有非常高深的创造力的作品。这种类似于梦境的风格、优美的画面，在经过设计师精雕细琢后，让玩家欣喜欲狂。

在产品设计时，你的思考方式或者找寻灵感的来源，可以参照以上的理论。但我个人认为，无论是自发的或是本能的创造力输出，产品人都要做好“知识广而深”的准备。毕竟在我们的实际生活工作中，思考认知和思考情感比较常见，灵光一现的概率真的要看潜意识里综合素质的积累和修炼了。

40 游戏类型的运用

游戏类型广泛多样，一种游戏也有可能具备多种类型的特点。在此列举常见的游戏类型方式，分析是否适用于产品设计。

① STG（Shooting game），射击类。分为第一人称和第三人称视角。通过武器装备对对手进行远程或近程攻击。如《CS》《死亡空间》等。

② RTS（Real-time strategy），即时战略类。玩家控制各种游戏角色，实时与电脑或其他玩家进行较量。如《帝国》《魔兽争霸》《红警》等。

③ Adventure，冒险类。玩家控制角色进行虚拟冒险，强调解谜，游戏情节通过不断解谜发展。如《古墓丽影》《生化危机》等。

④ Action，动作类。玩家控制角色使用各种武器通关，轻情节，重体验。如《魂斗罗》《双截龙》等。

⑤ Puzzle，解谜类。通过游戏中给出的线索，玩家在游戏空间内进行推理判断，获得新的线索进一步推动剧情。谜题可以是空间的也可以是逻辑的。如《密室逃脱》等。

⑥ Sports，体育类。模拟体育运动，如篮球、足球、高尔夫等。重真实性。

⑦ RPG（Roleplaying game），角色扮演类。由玩家扮演一个或数个角色，有完整的故事情节，强调剧情发展和玩家的体验。如《仙剑奇侠传》《最终幻想》《暗黑破坏神》等。

⑧ MMO（Massively multiplayer online）/MMORPG（Massively multiplayer online RPG），大型多人在线游戏 / 大型多人在线角色扮演游戏。大型网游，重社交。如《大话西游》《热血江湖》等。

⑨ Simulation，模拟经营类。属于策略类的分支。如《主题公园》《明星志愿》《模拟人生》等。

⑩ Strategy，策略类。玩家运用策略与其他玩家或者电脑较量，重规划和操作。如《三国志》《信长之野望》等。

⑪ Casual，休闲类。包括益智类。以打发时间为主，有相同元素则消除，如《泡泡龙》《俄罗斯方块》《连连看》等。

⑫ FTG（Fighting game），格斗游戏。玩家控制角色与对手进行格斗输出。如《铁拳》《拳皇》《街霸》等。

⑬ RCG（Racing game），竞速游戏。重真实感，如《极品飞车》《摩托英豪》《天天酷跑》等。

⑭ CAG（Card game），卡牌游戏。玩家通过手上不同技能的卡牌与对手进行博弈。如《炉石传说》《游戏王》等。

⑮ TAB(Table game)，桌面游戏。在桌上玩的游戏，如《麻将》《四国大战》《拖拉机》等。

个人认为，根据产品定位不同，可以适用不同的游戏类型。

含社交属性的产品，可以加入解谜的游戏套路——用户之间互相帮助采集答案。

含电商属性的产品，可以加入格斗的元素——用户与用户之间进行格斗来决出谁能获得优惠券。

含工具属性的产品，可以加入模拟经营的概念——你的用户每使用一次工具，他的工具宠物就会不同程度地发育。

……

实际上，产品内所包含的业务线，完全可以参照以上的游戏类型进行设计。

41 游戏和产品的核心

每款游戏都应有属于自己的核心部分，但迫于“市场逐利”，导致目前游戏的同质化现象非常严重。游戏的核心可以认为是，“以游戏整体机制的良好运营为根本、以突出某些游戏元素作为核心竞争的目标，如交互的设计（玩家与系统或玩家与玩家）、UI 的设计等”。你也可以理解成游戏的核心即是游戏的基因。

游戏核心需要早早确立，保证团队有一个明确的努力方向。而且核心作为游戏竞争的重要砝码，一般会作为强大的卖点对外宣传推广。

以手游为例，很多游戏开发商花低价买入“找错类”游戏，照着“找你妹”改一改 UI，又一款“找你妹 XX 版”成功上线。但实际上这款游戏的核心与原来还是一样的，还是找错类的游戏——你能说你整个容之后，你的基因就变了吗？

所以很多游戏在玩家看来，其实都是“同一个”，只不过是“某个有点名的游戏的克隆版”罢了，这样的游戏开发出来，不能给玩家带来独立的、不一样的体验，那又有何价值呢？

团队应该从多角度借鉴其他游戏的核心，并且在此基础上进行思考、扩展、改进，以达到原创性和创新性。建议采用“假设”的思路来考虑核心建设的问题。

“如果我把别人游戏中优秀的部分结合进我的游戏，效果会不会好一点？”

“如果别人失败的教训，我转化来做我的经验，我加以改进，会不会取得效果？”

“如果我游戏里加入那款游戏的元素和机制，是不是好点？”

……

我们再从“卡牌游戏”入手分析下核心建设。我认为《炉石传说》更看重玩家实际操作后的系统的反馈机制。“华丽的特效”是炉石传说的核心。以这个核心作为开发方向，从界面设计、卡牌设计、技能效果设计、游戏功能设计等方面进行强化。

界面的设计：玩家进入启动页，连接上网络后，会弹出今日任务。在点击屏幕后，会以极快的速度展示首页——同时今日任务会向界面深处快速消失。再点击任意菜单，这时界面会像打开密道大门一样发出声音，同时整个界面充满了机械感又神秘十足。再看匹配对手时老虎机的快速转动、匹配后老虎机的卡顿的画面和音效，这些特效元素非常符合“华丽的特效”这一核心。

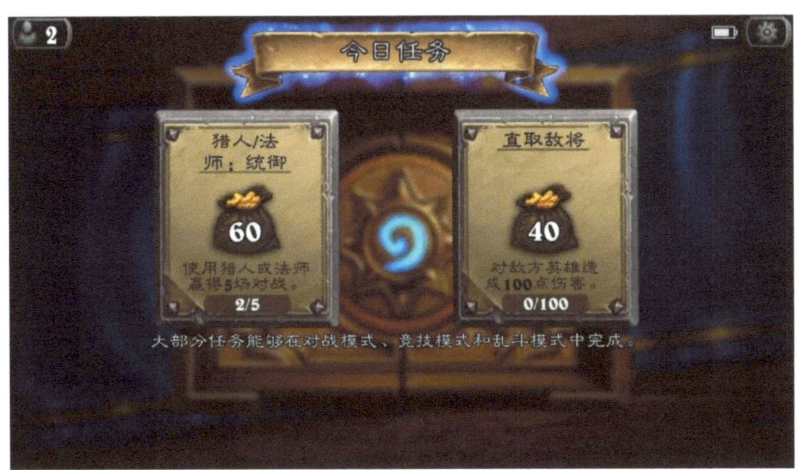

卡牌的设计：传说级、橙色、蓝色、普通卡牌，它们的外边框渲染着不同的颜色，如火焰般一直处于动态显示。

技能效果的设计：战吼、激励、亡语等效果的触发，都会伴随着一定的特效出现。比如“烈焰风暴”，对方随从即会被大火吞噬；“暴风雪”，在一阵暴雪之后，对方随从会被冰冻住，十分逼真，这也契合了“华丽的特效”这一核心。

游戏功能的设计：卡牌的合成功能，可以通过蓝色小瓶完成。卡牌亦可以拆分后化为蓝色元素的一部分；在玩家打开新的卡包的时候，卡包的爆炸效果、卡牌的排列效果，都遵循了该游戏的“核心”。

游戏的核心如此，互联网产品的核心更应突显。看看同程网和携程网，除了LOGO，简直一模一样；58同城和赶集网，也是“亲兄弟”。

产品难道就靠砸钱、复制来取得行业排名吗？这种思路一定会失败。除了腾讯能做到“借鉴”—“消化”—“创新”，市场上大部分产品都只停留在借鉴这一层面。某家的产品更是囫囵吞枣，谁家的好我就拿过来装上，所以看起来像是巨无霸，实际上没有自己的核心。我们不反对借鉴，但吸收别人的精华，转化别人的糟粕，为自己的核心建设所用，才是正道。

你得把产品核心看作产品的大脑，没有它，产品就不能活、产品就没有魂。

那么你家产品的核心，你找到了没有？

42 行业惯例

市场上同类产品的跟随者拥有一个共同优势：产品部分功能的操作或界面布局，已被用户所熟知，即用户已经养成了该类产品的使用习惯。比如，红白机的 A 键是发射子弹、B 键是跳跃。在玩家的印象中，每款游戏似乎都应该是这样，无论是魂斗罗、冒险岛还是坦克大战。

这是业内的某个传统或者是约定俗成的规则，并不是强制规定，没有哪个游戏机制造商规定，A 键和 B 键分别会输出什么功能。

有了这条“业内惯例”，我们在设计产品时可以节省一部分精力。同时，再利用“玩家已经接受的规则”，进行创新。

比如，游戏中的宝箱，通常由玩家控制的角色走过去打开并获得奖励，但如果我们把部分宝箱设计成陷阱，玩家会不会在每次打开宝箱时顾虑一下呢？接着再在好奇心的驱使下，仍然走过去打开那个可能设置了陷阱的潘多拉魔盒呢？

又比如，我们认为游戏里的技能只能杀敌人，可是有一天你发现 NPC 也会被你杀死，并且会带给你惩罚，那么你在游戏里是不是就不敢乱开枪了？

想一想，你的行业里都有哪些约定俗成的行业吧！比如电商平台里的“打折”“促销”“新品”“节日”等惯例；社交软件里充斥“软广告”的惯例等。这些所谓的行业，有的来自于你对产品的设计，有的来自于用户养成的习惯。如何利用并打破行业惯例，创新产品设计，这确实是个需要深度积累、细细思考的问题。

㊸ 衍生的补充规则

游戏有它的玩法，产品有它的原则。当抽丝剥茧一款产品之后，除去主线规则，其余的规则都可视为衍生的补充规则。以 LOL 为例，本质是 5vs5 的塔防型游戏，如果不看其他内容，只需要满足 A 方 5 个人，B 方 5 个人同时在线参战，便可以实现一局游戏，这是主线规则。在主线规则的基础之上，我们来看一看衍生的补充规则。

首先是模式。常规的主线模式除了匹配的 5vs5（自有或周免英雄），还有极地大乱斗（系统随机分配英雄）、排位赛（双方各禁 3 个英雄）。另外，系统不定时会出现的衍生的“补充模式”，比如克隆大作战、无限火力、飞升争夺战等，都属于游戏的补充规则。

其次是内容系统。如符文、天赋、皮肤，这些都属于补充规则。换句话说，剥去这些内容，LOL 这款游戏还是可以照常运转的，它们的存在可以极大地丰富游戏的内容，并且分散玩家的注意力以提高游戏的可玩性。

那么，**判断一条规则或玩法，是否属于补充规则，只需要假设当把这条规则给剥去时，游戏或者产品是否能正常运行下去**。这是作为设计者制定的补充规则。

玩家也可以自己制定补充规则。你的好友喊你去网咖来局 CS 单挑，你们双方约定，武器只允许使用小刀——好吧，很明显，这种自定义的规则确实有点坑。或者你们玩魔兽争霸，双方约定，只允许选人族并且只能出步兵流——这样的补充规则虽然比较极端，但更贴合了玩家的实际需求。

所以，设计产品时，一方面要不断创新玩法模式，另一方面要引导用户“自己来制定规则”。比如红包功能。其基本功能是用户收发普通红包（主线规则），后来是输入口令密码、拼手气、发送到群组等衍生模式（补充规则）。

补充规则可以锦上添花，可以雪中送炭，但无法胜任“正规军”，设计时切勿本末倒置。

44 迭代

在这里，迭代的意思是指为了不断接近制定的预期目标，不断重复一个行为。每一次迭代的输入都是上一次迭代的输出。

迭代几乎适用于万事万物。我们每时每刻都在迭代——宏观说，从婴孩—儿童—青少年—中年，再到老年；微观说，从早上到晚上，我们学的知识应用于工作，再从工作中总结经验和教训，我们在成长，这都是在不断迭代。

结合我们的补充规则。每款游戏都有主线规则，这是最原始的游戏框架，在此基础上，再增加许多补充规则。每增加一条补充规则，都是对游戏的一次迭代。

Dota2 比 Dota1 的画面质感要好很多，这是一个大版本的迭代更新；LOL 每上架一个新的英雄，也是对这款产品的一次迭代更新。当然，除了游戏内容的迭代，还有游戏机制的迭代。塔防游戏，每一波敌人都在加强，这就是非常明显的例子。

软件产品的每次更新当然都属于一次迭代。我们看到 QQ 软件的版本号 V.XXX，这即是版本迭代的标记——版本号在不断更新。每次迭代更新基本都会有新功能或者修复了之前的一些问题，使得产品越加完善。

迭代并不需要太过考虑，但这里需要注意一点，除了产品本身的不断完善更新以外，如果合适，可以把迭代机制引入你的产品中，就像塔防游戏一样。比如你的用户被你划分成若干属性，每个属性都有若干等级。你在产品中设计了对战机制，用户通过抢夺其他用户的资源获得经验升级。你的用户是 C 级用户，系统第一次给他匹配了 C 级对手，他赢了；第二次匹配给他 B 级对手，他又赢了，只不过是很勉强的获胜，因为系统推送的内容迭代了，匹配了更强的对手给他。

人们都喜欢挑战，尝试自己的极限，迭代不失为一种很好的引导方法。

45 幻想无界

这里要说的虚拟现实，并不单指 VR，应是第一人称视觉的游戏。这种游戏可以是计算机上的，也可以是现实生活中的。它可以让参与的玩家在游戏中充分获得幻想所带来的美好体验。这一现象从孩童时就已产生，只是随着我们的成长，很多人逐渐丢弃了这样的体验方式。回想一下小时候，和邻居家的孩子一起玩过躲猫猫的游戏吗？一位小朋友蒙住眼睛，其他小朋友躲起来，捉人的小朋友发现其他人的时候，会用手一指并说一声“电报”，然后被捉住的小伙伴就会应声做出被电后倒下的动作。这种看似幼稚的小游戏，其实是最减压的。**因为它既不会产生伤害，又能模仿行为所带来结果的乐趣。**

小朋友都喜欢玩这样的游戏，一是可以帮助他们化解负面的情绪，二是让他们感到安全、有趣。

即使现在，作为成年人的我们，也不应该丢掉幻想的体验——曾经以为抽屉里有通往未来的入口，你可以放轻松，继续幻想无界；再比如公园里的真人 CS 游戏，可以看成是最原始版的虚拟现实游戏——游戏本身不会产生任何真实伤害，但是通过玩家的互动会形成“最终结果”。

产品里很需要这样的减压玩法。我们先把握住几个关键词：无伤害、幻想、动作。想一想刚才的真人 CS。参照这种方式，我们在运营产品的时候，可以策划一个活动，由管理员做出一个动作，录成 2 ～ 3 秒的小视频，其他用户根据这样的动作投稿做出与这个动作相关联的下一个动作，以此类推，最后由管理员做一个 1 分钟的合辑，被选入的用户可以获得奖励。再比如，产品里也可以设计类似的功能，想想摇一摇“咔嚓”的装子弹的音效。

无论产品给了用户“刀、剑、飞镖、棍棒”还是“棒棒糖、奶酪”，我们都有责任告诉用户，这些元素都是具备“魔法”的，你可以使用这些元素去获得你想要的结果。

46 边缘突破

举个例子，有些人对自己的本职工作并不太拿手，反而在评价美食方面有自己的特长——那么，虽然他不是个好员工，但却是个好的美食评论家；再比如，作为英语教师的马云——他虽然不是一位出色的英语教师，但绝对是一名优秀的商人。

反观游戏，有没有这种可能——“虽然这不是一款好的 RPG 游戏（美术差、情节差、功能差等），但却是一款能学习到很多知识的百科大全”。

我们说过游戏的主线规则以及补充规则。我们撇开游戏的主线或者核心要素，看一看游戏的“边缘功能”。再看《炉石》这款卡牌游戏。这款游戏的核心主线是卡牌对战，但实际上，有更多的玩家热衷于卡牌的搜集。我想玩家都会循着——“玩冒险模式、乱斗模式或者与电脑、玩家对战获得金币”等方式来购买卡牌。但当这些玩法已经不能满足玩家对于卡牌数量的要求时，玩家就会犹豫要不要花钱买卡包了。而且，当一个玩家买了第一个卡包之后，他的购买行为将会持续下去，不再有购买第一个卡包之前的犹豫不决了。这也是为什么我的朋友，经常叫我跟他“来波 388”的原因。

卡牌游戏中，有的玩家不再以单纯的对战获胜为目的，反而是为了搜集卡牌而玩；模拟人生中，有的玩家不再为了构建虚拟世界而玩，反而是以“解锁更多的成就”为目的；纪念碑谷中，有的玩家不再是为了视觉效果及美术而玩，反而以“通更多的关”为目标。所以每款游戏总要有一个主线，同时尽可能地增加相关元素，以满足用户对那些“长尾元素”的需要。

重观产品设计，可以让你的产品也有“不务正业”的影子。俗话说东方不亮西方亮，产品里那些辅助功能是不是足够有趣、足够实用？是否能做到借用一两个辅助功能就可以将产品成功转型？

再举个例子。你一开始是做社交产品的，你决定再搭一点电商的元素进去，作为辅助功能。随着你对用户的积累、品牌的树立，业务发展逐渐呈现了“轻社交、重电商”的需要，因为你的用户量几乎达到了峰值，如果再不转型，用户量减少，付费转化率也会随着降低，对业务而言损害极大，所以你的整个产品重心必须得向电商倾斜。这找准了你的产品突破的边缘，其实也是符合了你之前的产品规划。

实际上，有很多产品在突破之前并不知道自己的那个“突破点”在哪里，也是团队在不断的摸索中，瞄准了产品定位，找到了属于自己产品的突破点，才能使得产品能够更上一个层次。

所以，产品元素的设计切记不要单一。产品垂直的同时，一定要有广度。无论是面对今后的转型还是前期的吸引力，都会让你占有主动权，而不至于被市场打得措手不及。

47 标的元素和规定指令

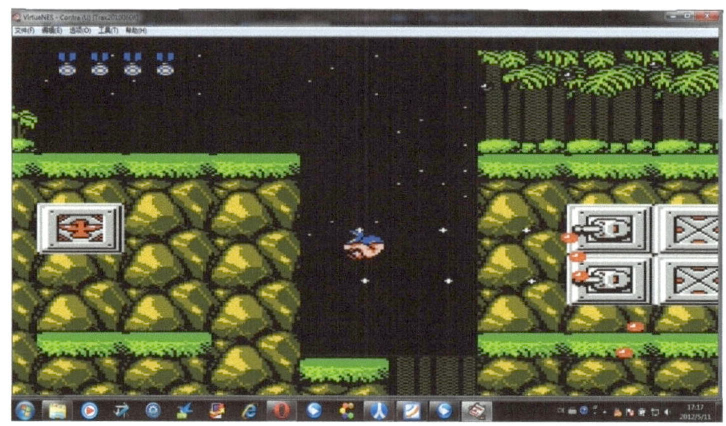

我们先回顾一下斯金纳箱。这个实验里有三个主要元素：一是箱子，二是开关，三是老鼠。如果把这个实验看成是一款游戏，构成这款游戏的三个元素即游戏空间（箱子）、标的元素（开关）、玩家（老鼠）。

玩家在游戏空间里，输入规定的指令，使标的元素产生反馈输出，从而驱动循环交互。此处的关键在于标的元素及规定指令，因为这两者之间经常产生交互。每一个标的元素都有属于它自己的属性和状态。比如，魂斗罗里从天上飘过的补给。“补给”属于游戏里的一个标的元素，它的属性首先是尺寸大小，然后是出现“S 散弹”“L 激光”“F 棉花弹”的各个概率，再次是它的状态。补给未被打破时是以每秒多少的速度由左向右飘动的，被玩家的子弹接触并打破的时候，会根据属性掉落一定概率的“子弹补给”。

这种设计思维适合处理产品需求的设计事务，可以应用于需求分析、产品开发。比如需求开发之前对于类与对象、属性的理解，考虑用户与系统通过什么方式产生交互，交互的样式又是什么，每个标的元素的状态又是如何变化的，这些都需要细细考虑。

如何吸引用户的注意力

说到如何吸引用户的注意力，方法其实挺多，如动态画面、人脸正部、性、噪音、危险信号、说故事等。实际应用的效果如何，一是根据方法的表现形式，二是要根据团队的重视程度。

先说动态画面。动态的游戏画面，能让玩家感觉到“游戏正在持续进行中”，从而将注意力转移到画面中来。但大多数产品里是少有大片区域呈现动态效果的，即使会有细节的动态效果，比如网站里移动的浮窗、APP 里的华丽特效等。这些“动画”或多或少地吸引了用户的第一眼视觉，也许用户会认为“我对这些内容没什么兴趣”，但潜意识里他已经对这个区域的内容一扫而过了，不然用户如何得出内容对他无用的结论？

再说人脸正部。比如，模拟人生里向你走来的市民、仙剑奇侠传里的 NPC 人物，玩家基本都会对角色的长相产生好奇心。现如今的产品里急需加入免流量的视频教学帮助，真人指导使用产品，这种方法鲜有人使用，但用户都希望有人——有个真实的人，告诉他们这款产品到底有多少功能，可以提供给他们什么样的好处。想一想宜家的宣传视频吧。**人脸正部的设计方法也适用于 APP 的引导页，因为引导页也是非常重要的运营节点。**

性是吸引玩家的又一利器。对于游戏来说，男性玩家数量占比较高，性感的女性游戏人物是吸引玩家的重要因素——虽然不是决定性因素。女性人物在游戏中穿着越性感、刻画得越精致漂亮、配音越具有女人味，越能吸引男性玩家对游戏的投入。**反观产品，除非你是“他趣”这样的成人电商，否则就多使用运营的手段加入性的元素吧。内容运营是重点，标题党也会有春天。**

噪音和危险信号多数会一起出现，比如 LOL 中按住 Ctrl+ 鼠标左键，地图上会出现红色感叹号提示队友“该地区危险”，同时会发出警报声。产品里，Windows 系统弹出提示框，用户使用鼠标点击框外区域，系统会出现提示音，同时提示框也会闪动，以此来告知用户把注意力集中在提示框里，选择“是”或“否”。**应多采用噪音 + 提示的方法，明确告诉用户发生了什么异常，下一步应该怎么操作。**

最后，关于说故事。一般游戏的开头，都会交代一下游戏的背景，总会有一大段文字或图片告诉你，“从前有一个王国，叫做 XXX”。**人们都喜欢听别人讲故事，然后根据故事情节来寻找代入感。**产品里更不能缺少故事元素，但现今很多产品仅仅是提供了“功能”，却忽视了讲故事、聊情感所起的重要作用。“那么”这款社区产品，专门开了个贴记录团队成员在公司的点点滴滴，用这种方法与用户面对面互动。那么作为用户，我会知道，“哦，原来这个功能，他们用了好几个通宵才调好啊，真不容易”“这家公司的办公环境还不错，员工也都比较年轻，我就路转粉吧”。这是用现实说故事；还可以在我们的产品里编故事，让用户自己寻找代入感，把自己设想成故事里的角色。

不再一一列举。我个人认为，数字、钱币符号（特别是人民币、美元）、热点话题（房子、股市）等，也会对吸引用户起到一定效果。再想一想，还有哪些是时代背景下，人们关注的热点？

原型法如何应用于产品

先撇开游戏不谈。我们在做产品的时候，基本都使用了原型法。互联网产品需要原型法快速搭建 Demo，在此基础上优化完善业务流程或界面交互；实体产品，比如手机，需要快速做出工程样机，看看有没有需要改进或出现设计缺陷的地方，如果都 OK 了才开始量产。 这是我们作为开发者，所了解到的原型。

原型如何应用于产品？下面我开始头脑风暴，欢迎来批评。我们先想象有一块白板，将这块白板置于用户个人中心的功能模块内。白板为用户提供了涂鸦功能，用户可以使用系统自带的“粉笔”，也可以购买增值服务（比如正方形、心形、圆形等模板）。作为产品管理人员，你可以在介绍产品的时候，把“白板”描述成“本产品的附加功能，用户的涂鸦时间”。经调研发现，之所以为产品增加这个功能，主要是基于同类产品存在用户表达受限的问题。当前市面上有独立的白板产品，比如 Drow 画板，但用户使用频次比较低。不过有时候用户又非常需要它：比如，解答陌生人的问路；想随手画个图逗朋友们哈哈大笑；想描绘一幅蓝图；想记下灵感等。

原型法应用于产品，是为了让用户更好地表达他们的想法和观点，同时也增加产品 DIY 的乐趣。甚至，你在提出活动方案时，可以请用户使用白板画画或者用艺术笔法写字，做一个合辑来展示。比如节日主题、婚恋主题、调研问卷等，回想一下，奶茶店里的墙上，贴满五颜六色便利贴纸的画面吧。

50 约束条件

作为项目，游戏也受到项目管理中的三项要素——质量、费用、时间的约束。所有人都希望能花最少时间、投入最少成本，做出高质量的游戏，然而这只是理想状态，不可能完全达到这三项要素的极值。所以在游戏开发过程中，至少要舍弃其中一两项要素。

有的开发商注重游戏质量，所以他们宁愿投入更多的成本，哪怕开发时间会久一点，也要做出一款优秀的游戏作品。当然，一般有实力的知名大公司在打造经典之作时，会倾向于选择这种方式，这也关系到公司的品牌价值。

有的开发商想要游戏快速上线，那么如果以速度为前提，又想做出相对优秀的作品的话，这对开发团队的综合素质要求是很高的。因为一旦出现差错，返工不但会耽误时间、还会增加额外的成本，这对团队的伤害很大，对资金的浪费很严重——资本是有时间价值的。但一般中小团队会采用这种方式开发游戏。

很少有人为了节约成本去开发游戏，因为支出紧缩，根本就不可能在质量和时间上取得平衡，只会把游戏做成渣渣。当然了，除非团队是合伙人制，大家都有明确详细的计划，各有专长。

这三项要素的约束，不但适用于项目管理，也可以适当应用于用户管理。我们把三要素看成 A、B、C，它们之间是此消彼长的关系——还记得我们之前说的帕累托最优吗？举个例子，最近我在玩 Township，一款模拟建设小镇的游戏。我需要完成订单获得收入——订单要求卖曲奇——曲奇需要由牛奶制作而成——获得牛奶需要养奶牛——奶牛需要吃饲料——饲料需要胡萝卜和小麦合成——胡萝卜和小麦需要田地耕种。好，停下，田地可以耕种小麦、胡萝卜、玉米。我一共只有两块地（一个项目），我到底是耕种小麦（要素 A），还是胡萝卜（要素 B），还是玉米（要素 C）呢？胡萝卜和小麦合成奶牛饲料可以给奶牛吃，小麦和玉米可以合成鸡饲料让鸡下蛋。由此看来，如何取舍约束条件，确实是一门很深的学问。

那么我们试想，能不能给用户设定多项“约束”。比如我们开辟了新栏目。系统规定，用户的属性必须同时达到三个条件：智力 100、道德 70、武力 30 时，才有资格进入。好，接下来我们给用户下任务：

① 对你 10 个好友用户说出他们的缺点。任务奖励：智力 +10、道德 -20、武力 +0。

② 向你讨厌的 NPC 扔鸡蛋。任务奖励：智力 -8、道德 -5、武力 +3。

③ 拍一段不露脸视频，用变音器说出你新年的愿望。任务奖励：智力 +2、道德 +7、武力 -1。

……

以此为例，用户想要获得进入新栏目的资格，必须达到约束条件。而达到条件，就要不断地去完成你所设定的任务来获得约束条件的点数，而“智力”“道德”“武力”这些约束条件，并非在每个任务里都会增加，根据不同的任务，这三项条件会“此消彼长”。同时，任务和新栏目一定要有趣，甚至需要加一点激励方案，才能吸引用户活跃起来。约束条件不必只限定于 3 种，可以设置更多。

当用户突破约束条件时，这个约束条件便成为了他们产生优越感的来源。

那些面向用户的测试方法

这里的测试不单单是我们所理解的工作流程中测试人员的测试，而是面向玩家或者用户的。

我们都知道，一些大的网游都有公测，当然是限制名额的。我们可以把公测看作是中度的灰度发布——已经面向很多用户了。一般在这个阶段，开发商会考虑游戏的性能负载数据，以及第一批用户所抱怨或者反馈的问题，及时完善和修补，等运营一段时间后，再发布正式版，面向所有用户。

灰度发布是在产品发布正式版本之前，投放一小部分用户做试验反馈的，如果效果不错，那么会逐步扩大用户范围。

还有一种是 **AB 测试**。我们也可以把这种方法理解为灰度发布的一种。AB 测试主要用于 Web 产品，而移动客户端产品要复杂一些。

黑盒测试，把产品想象成一个盒子，用黑布把盒子蒙上，不告诉用户任何信息，让用户亲自体验产品，对产品提出各个角度的疑问。

再换一种方式理解**白盒测试**。提前告诉用户在某个节点会发生什么事，观察用户使用产品时，产品是否根据之前预示的信息发生了相同的事件。

当然，做完这些测试后，我们及时完善修复，再进行内部的回归测试。

“测试”这项工作是贯穿产品全生命周期的，我们需要及时与用户互动、及时找出问题、及时记录、及时解决，一定要重点关注这项工作。

意识导致的认知障碍

为什么有些游戏的吸引力会很强大？其中一个原因是，玩家的情感代入太深。当我们玩《冒险岛》的时候，我们控制主角的跑、跳、加速跑、跳跃中射击等行为。随着游戏时间的增加，我们的情感代入越来越深：当主角从平台往下跳入悬崖的时候，跌入的过程会让部分玩家心里一紧——玩家已把游戏主角当成了自己，感觉像是自己跌入了悬崖。

这种情感代入行为，属于意识产生的认知反馈。当然，一款游戏可以给玩家带来优秀的娱乐体验，但同时，也可能存在着一些“不合理”之处，而导致玩家出现认知障碍。

比如红白机的《松鼠大战》。玩家都知道，靠近某些物品时，通过 A 键可以举起这个物体，同时再按 A 键把物品扔出去砸向敌人。玩家可能试图去靠近任何可接触的物品，但是当他们发现，不是所有物体都可以举起来，并且也没有明显的标注“某个物体可以举起来或是不可以举起来”的时候，他们将会心怀不满，这就是对功能操作不完善的负面反馈。从产品设计角度类比分析，**不完善的功能或者有误导性的操作，是不能被用户容忍的。**

无关信息也是造成玩家出现认知障碍的原因之一。比如红白机的《忍者神龟》，每个角色都有属于自己的武器，游戏默认是不可切换武器，那么在游戏中就不该出现武器的拾起动作。当然，不排除一些解谜类的游戏需要通过无关信息来增加游戏的趣味性。那么考虑一下你设计的产品里，是否会有无关信息造成用户使用的困扰？

接下来，还有一种情况是认知问题、解决问题的常见障碍，这就是“假设”。错误的假设，会使简单的问题变得无解。再回到《冒险岛》。我们在即将“到家”的时候，要越过一道火堆的障碍，“假如我往后退几步，然后冲着跳过去”“假如我靠近火堆，离火堆最近的位置起跳的话”，可实际是，无论我们采取何种方式尝试，结果都是失败，玩家都要从这节游戏的起点重新玩起。这种假设产生的失败越多，玩家对你的游戏就越没有兴趣。所以，在这些关键节点上，给玩家储存游戏进度的权利，是解决这类问题的方法之一——玩家不再担心每次失败都要重新来过，他们可以任意跳跃而不再担心“假设”所带来的不良后果。**“假设”的方法，可以用来提升用户活跃，但不能为用户解决产品使用方面的问题。**

用户出现认知障碍的结果是非常严重的，轻则浪费时间自己研究或者寻求帮助来解决问题，重则跳过这部分内容或者不再使用这款产品。所以扫清认知障碍，一方面也是优化产品的过程，另一方面也是在提高用户的留存。

运用风险意识痛击玩家

从日常经验来看，“风险”这个词，总是让人闻而生畏的。因为风险的发生，常常会带带人们相应的损失。

既然是风险，那么它的发生肯定是有概率的，这也从另一个角度说明，人们也可以有机会选择避开风险。请注意“有机会选择”。我们可以利用这种现象，把它应用到我们的游戏设计或者是产品设计中去。

在面对某项抉择时，人们通常会做出第一步判断：哪一种选择会损失最小，或者是不损失，甚至是获利的；第二步会更复杂一点，哪一种选择会付出一定成本，但是能获取更多的收益。因此让玩家或者用户更多地去进行“选择”，未尝不是一个引导他们的好办法。

一款优秀的游戏，是要让玩家不断地进行风险评估的。这种风险评估还需要加入“机会成本”的概念。给玩家提供两条路选择，对于玩家而言都是不可知的（选择了其中一条路就会失去选择另外一条路的机会），但是会提示玩家，走这两条路，一条路给予常规奖励，另一条路有可能获得额外奖励，并且只允许走一次（鼓励玩家通关后再走另一条路试试，增强黏性）。这时玩家很明确自己的选择不会造成损失，所以他将评估的是“走哪条路可以获得更多收益”这种存在机会成本的选择，而不是“走哪条路可以降低我的损失”这样的风险评估。

再比如大家玩街机《1945》，它是飞机类的游戏。随着游戏的深入，敌人越来越多，敌人的子弹也越来越密集，子弹速度也越来越快。这时候你有2颗B弹，可以造成满屏伤害，同时消除所有的敌人和子弹。那么在游戏的持续过程中，玩家需要不断地评估风险：现在的敌人是不是够多，能不能应付的了，子弹我是不是能躲得开，什么时候需要释放 B 弹来消除这些危险。即时类游戏，会不断地要求玩家进行评估。

再说个策略游戏《魔兽争霸》。对手在地图上什么位置，他会出哪个英雄，会出什么兵种，采用什么战术，这些都需要其他玩家来进行评估。在这样的游戏里是没有所谓的“风险发生的概率的”，因为对方不可能不出兵、不出英雄来和你进行对战，所以玩家直接面对的是如何应对这些“一定会出现的风险”。这对玩家的综合思考和操作能力要求比较高，并且这种能力的输出是持续性的，从游戏一开始到最后结束，都要求玩家不断思考、不断评估风险。这也是这款游戏成为经典的原因之一。

有的游戏是为了展示更多生活中不常见的风险——甚至是鼓励风险出现的，因为即使玩家在游戏中蒙受了损失，也不会真正地影响玩家的现实生活。我们可以想想《极品飞车》和《侠盗猎车手》，即使翻车或者被抓（风险的发生），也仅仅只是一局游戏而已，却又能让玩家真真实实地感受到这些损失的心理过程和结果。

那么在产品设计里，人们“通常不想要发生风险”的观念，也可以作为我们设计的思考源泉。比如设计每日登录奖励，给用户展示三张牌，选择其中一张作为奖励，其他 2 张退回系统。这种方法虽然是“碰运气”，但是有的用户也会思考一下“我是选择左边的，还是中间的或者是右边的呢？”

又或者，用户在完成了某项日常任务时，你提供给他两种模式进行选择，一种是 2 张牌里选择一张，这两张牌都是奖励，但是都是普通奖励，比如积分 +3 分和 +5 分；另外一种是 2 张牌里选一张，这两张牌有一张是惩罚，比如 -1 分，而另一张则是 +10 分。一种是保守的方案，一种是激进的方案，但我想第二种的“大概率的小损失结合小概率的大收益”，或许更能吸引人。

风险设计法，让作为设计方的产品人学习到，利用人们日常习俗中所抵触的事或者行为对产品进行设计，同时根据具体情况提供合适的、符合用户期望值的

奖励，是非常有必要的。

那么用户在使用产品时为了避免“踩雷”，或者为了获取更高的利益，他们可能会频繁地选择避开风险或者面对风险。要让用户面对你的产品时，能够用心思考，再做出选择。这种思考越多，用户的黏性越强，因为用户投入了足够多的时间和精力在你的产品上。

54 供需关系

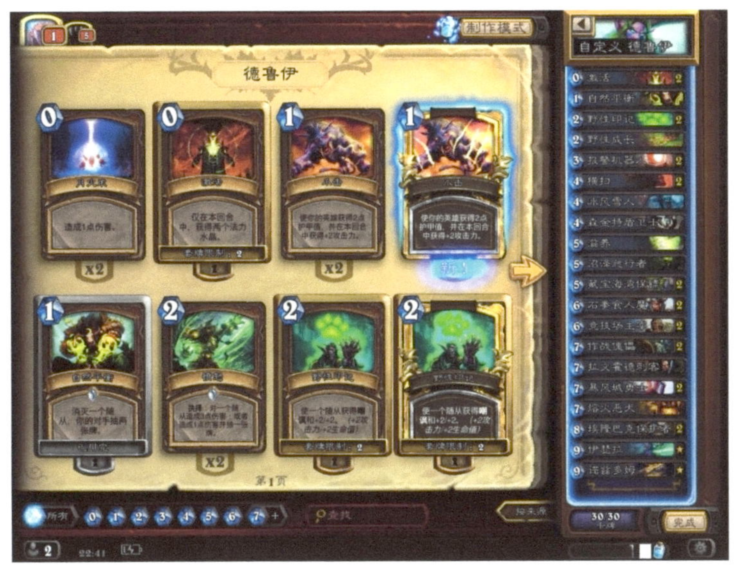

也许你所了解到的供需关系，来自于经济学。没关系，这个原理应用范围很广，因为只要有资源的地方，就有供需。

不难理解为什么游戏里有那么多的装备可以卖钱了吧。物以稀为贵。因为量少、稀有，而且这样的装备更是往自己脸上贴满了“傲视”“牛掰”“大神”的标签，所以这些装备价值满满。

再来看看《炉石传说》这款卡牌游戏。卡牌的等级分为：普通（白色）、稀有（蓝色）、史诗（紫色）、传说（橙色）。这些卡牌怎么获取？做任务，各种模式的任务。比如每周一次的乱斗模式，完成之后可以获得一个免费卡包，这个卡包里的卡，大部分会是白色，小部分会是蓝色，有一定概率出现紫色，很小概率出现橙色。这就是一个供需关系的反映。

人人都希望通过完成任务来获得更多的橙卡。原因很多：橙卡需要花钱买、橙卡的技能好、橙卡能唬住对手……优点很多，数量当然会很少——需求量越多，供应量偏偏就越低，否则怎么卖出个好价钱呢？再说，玩家花钱买卡包，能抽取到的橙卡也是有概率的。

在此我们不讨论经济学角度供需关系的应用，对于价格敏感性暂且不论，我们分析一下供需平衡是如何应用于产品设计中的。

2016 年的春节，支付宝弄了福字贴。还记得那个“敬业福”吗？这个游戏刚出来的时候，大家应该明白，肯定会有一个福字很难拿到，并且那个很难拿到的福字，会在淘宝上进行挂牌“出售”。支付宝一边想快速增加用户数量，一边想给淘宝网带流量。其实这种玩法很 LOW。短期的量被冲上去，但是品牌形象却遭受了非议——就像网友们谩骂的一样，大过年的缺个福，是何居心。即使阿里可以通过资源整合，以寡头竞争的方式“强迫”用户使用支付宝，但是经历过缺福，用户会心甘情愿地使用吗？短期看不出对支付宝这款产品有任何影响，但长期来看，失道了。所以这次的事件其实是失败的，它跟源远流长的传统文化在作对。如果不信，你也可以问问身边的人，问问他们缺福的感受是什么。

道具也好、装备也罢，只要是产品里的资源，我们都可以利用来进行供需操作。

比如我之前说的，如果你做 O2O，可以结合虚拟现实的地图，把合作商家作为签到点，用户人工签到，连续签到一定次数，可以获得相应的物质奖励，以及你的“签到王”的大名，可以显示在这张大地图上，被其他用户所看见。

又比如，你是做社交产品的，有一个现场直播的内容栏目，请一些网红定期来秀一把。这时你在线上发布了公告，定于某日某地举行活动，某网红将会出席，亲笔签名和近身合照数量有限——这也是迎合了供应少、需求多的现象。

再比如玩掼蛋，那张红心牌的玩法，是不是也可以借鉴到你的产品中去呢？

当然，你也是可以借鉴支付宝的玩法的，但一定要注意，必须时时刻刻考虑用户的感受，不要伤害用户。

记住，我们要给用户“雪中送炭”，我们不要所谓的“锦上添花”。

55 1+1 > 2

各位有没有织过毛衣？即使没有亲自织过，也一定看过织毛衣的过程吧——两只手各有分工，一只手握住毛线针和毛线的一端，另一只手再用毛线针进行针织。如果两只手分别各织一件毛衣呢？没有两只手的组合协作是不可能实现的。

游戏中经常会应用到“组合协作”的设计思路。

举个例子，LOL，要合成一件高级装备，比如三相之力，就需要另外三件中级装备（狂热、耀光、净蚀）进行合成，其中每个中级装备又需要 1 ～ 2 件的初级装备。比如净蚀，由红水晶（+150 生命值）和长剑（+10 攻击力）合成，如果单独购买红水晶和长剑，那么他们的属性是独立的，仅仅是增加了玩家的生命值和攻击力。但是当红水晶与长剑合成为“净蚀”时，它们就产生了更强大的属性值（+200 生命值 +15 攻击力；唯一被动——狂暴：每次普通攻击后会获得 20 移动速度，持续 2 秒。每次击杀单位后，获得 60 移动速度（与前者不叠加）。这就是组合协作效应在游戏中装备合成系统的应用。

除了道具间的组合协作，玩家间亦可以使用组合协作的设计思路。比如，每个英雄的技能不同，如果 1vs1 单挑，则是看不出协作效用的，而当你的团队里有牛头人与亚索的组合，这种协作产生的效用就显而易见了——牛头人把对手震上天，亚索直接出大招（亚索的大招有个前置条件，对手必须在半空中）。所以游戏的机制也可以通过组合协作的思路进行设计。

那么如何设计产品，使各元素能够发挥协作的、统一的、整体的效用呢？

我们所说的设计，并非仅指视觉上、交互上、操作上的设计，而是指产品的各个“基因组”的设计：

产品平台的性能是否满足访问或存储的量级，是否具备可拓展性；

产品的技术架构是否稳定，会不会宕机或出错；

产品的代码是否相对优化有效，是否便于复用或修改；

产品的视觉感是否符合产品的气质，能否被目标用户接受；

产品的界面交互是否友好，会不会造成用户误操作；

产品的内容有没有凸显品牌价值，运营是否可以在产品形态的基础上施展手脚；

产品的业务逻辑流程是否还有优化的余地，用户会不会“不明白为什么会到了这个页面”；

……

只有当以上各“基因组”之间的协作性达到最高，才能算是真正进入了产品的最优形态的时期。如果你的所有元素之间的协作都很好，但是视觉感很差，那么产品的层次也会很 LOW——因为非但各元素有非常好的衔接或者协作，而且还显出了自己的短板之处，这点可以参考一下“木桶原理”。

注意，并非产品各方面设计得越好，它们之间的协作性就越强。这种认知是错误的。

组成产品的所有元素，即使都不是最完美的设计或配置，但有最完美的衔接和协作，由此而凝聚成的核心竞争力，这才是“1+1 > 2”的高效用。

56 紧抓主题

游戏的主题是创作团队通过“游戏”这种方式，表达出的中心思想内容，可以理解成是创作团队观点或态度的输出。我们在玩游戏的时候很少会思考游戏真正的主题是什么，但大多数情况下，我们喜欢玩一款游戏，正是因为这款游戏所表达出的观点与我们潜意识里的认知不谋而合。

创作团队在设计游戏的过程中，是要围绕着已确定的游戏主题进行设计的。如果一个功能或者一块区域的视觉设计，非常出彩，但是背离了主题，它依然是毫无价值的。从某个角度来说，游戏主题颇似产品的战略方向。

主题一定要先明确，这样所有的工作才不会陷入过多的纠结之中，而导致团队效率低下、产品的质量糟糕。因为确定了主题，团队所有人思考的第一个问题就是：我所做的工作（规划或设计等），是否对主题有意义？能否与主题相呼应，强化玩家或用户对主题的认知？

举个例子，《帝国时代》以“国家争霸”为主题，但这种概念太模糊。到底是“和平时代的资源比拼”，还是“混乱时代的武力征服”？不同的细化主题都有对应的游戏模式。如果是“和平时代的资源比拼”，那么更倾向于国家之间的合作和共同发展，在和平的前提下，这种主题的游戏场景，一定会配有柔和的、舒缓的背景音乐；然而，当和平的协议被撕破，整个游戏进入了“混乱的武力征服时代”，那么背景音乐会变得激昂、节奏感快而强，甚至有点恐怖的效果。

这样玩家在玩过这款游戏之后，他们会明白，噢，原来国家与国家之间的争端这么复杂，不但要发展基本的生产资料（人口、木材、铁矿等），还要不停地去探视对方国家的发展情况，结交同盟、发展文明，不断地升级主城，达到最先进的科技时代，制造出最厉害的军事武器武装自己，甚至有时候要去抢夺更多的资源……

如果一款游戏让玩家有了这样的思考和认知，那么这款游戏一定是成功的。

娱乐的方式，让玩家对游戏所要表达的主题有了深刻的认识，并且对这一主题的内容，有所理解和学习。

再比如《仙剑奇侠传》，玩家在控制人物角色的过程中，角色学会的有关爱情、忠贞、侠义、责任等的认知，其实都是通过“游戏娱乐”的方式，传达给玩家，让玩家能够正向地接受这些良好的品质。

游戏有主题，产品也有主题。

你的产品主打的是陌生人社交，宣扬的是“现代人的潮流生活就要有范儿”这一主题，那么你的产品里所有的内容、功能，都要以这一主题作为规划设计的根源。你的产品里不能有复古的内容，否则与你的主题背道而驰，用户会很迷惑，为何会出现这样一个内容。即使次数不多，时间不久，也会影响用户对你产品的原始认知。或许你这种带有垂直性质的产品，就变成四不像了；另外，你的视觉、交互，要够酷、够炫，这样才能贴合“潮流、有范儿”的主题标准，如果仅仅是点击弹出、点击关闭，我个人认为也是不契合要表达的主题的。

另外，要让用户能够从你的主题里获得共鸣和学习的空间。那么如何过上潮流生活？哪种生活才算是潮流生活？怎样过得才有范儿？这些也是产品需要做出引导的。你要做出正确的价值观引导，举个例子，乐于帮助陌生人才算有范儿，知道感恩陌生人才算有范儿，同时对自己的生活有独立的规划思考，才算是引领潮流，并且还可以植入一些教用户如何搭配穿着、如何与陌生人打交道、如何去健康生活等内容。

游戏也好，产品也罢，切记明确主题、紧抓主题。